찰나의 생이 여무는 숨소리

시작시인선 0543 찰나의 생이 여무는 숨소리

1판 1쇄 펴낸날 2025년 8월 20일

지은이 신진순
펴낸이 이재무
기획위원 김춘식, 유성호, 이형권, 임지연, 차성환, 홍용희
편집 이호석, 박현승
편집디자인 김지웅, 장수경
펴낸곳 (주)천년의시작
등록번호 제301-2012-033호
등록일자 2006년 1월 10일
주소 (03132) 서울시 종로구 삼일대로32길 36 운현신화타워 502호
전화 02-723-8668
팩스 02-723-8630
블로그 blog.naver.com/poemsijak
이메일 poemsijak@hanmail.net

ⓒ 신진순, 2025, printed in Seoul, Korea

ISBN 978-89-6021-819-2 04810
   978-89-6021-069-1 04810(세트)

값 11,000원

*이 책 내용의 전부 또는 일부를 재사용하려면 반드시 저작권자와 (주)천년의시작 양측의 동의를 받아야 합니다.
*잘못된 책은 바꾸어 드립니다.
*지은이와 협의하에 인지는 생략합니다.

찰나의 생이 여무는 숨소리

신진순

천년의시작

시인의 말

짠내가 배어있는 삶 속에서
땅 위의 풀이나 나무들에게나
나뭇가지에 깃든 새들에게나
바다의 게나 고동이나 바지락 꼬막, 물고기들에게나
나 자신에 대해서나 주변에 대해서나 사회에 대해서나
따뜻한 시선으로 마주하기를

목숨 간수하는 모든 존재의 힘듦을
함께 나눌 수 있기를

2025년 8월
신진순

차 례

시인의 말

제1부 끝이 보이지 않는 나는 아직, 중

하얀 질문 ──── 13
아직은 ──── 14
문득과 작은 ──── 16
종이 방패 ──── 18
바닥짐 ──── 20
가을, 펜션의 뜨락 ──── 22
갯바람 청소기 ──── 23
구월, 심포니 ──── 24
노을이 태운 흔적 ──── 26
떠난 자리엔 얼룩이 있다 ──── 27
얼음 열쇠 ──── 28
유자나무 유언 ──── 30
자화상 ──── 32
어둠 광합성 ──── 34
힌남노 주의보 ──── 36

제2부 우주로 출항하는 누리호

고(孤), 내 슬픈 전설의 페이지 ─── 41
우주로 출항하는 누리호 ─── 44
절이도 구름파수꾼 ─── 46
나로도 진터길 ─── 48
발포리에 와서 ─── 50
분청사기덤벙문달항아리 ─── 52
남쪽 섬굽이 ─── 54
우주로 이주하다 ─── 56
노린재의 고비 ─── 58
영하 3도 ─── 60
움직이는 주추 ─── 61
풀숲 이슬 ─── 63
거미줄 과녁 ─── 64
녹명 ─── 65
톤즈의 망고나무 그늘 ─── 67

제3부 오~메, 니가 왜 여그 있냐

무영無影 ──── 71
푸꽁새 ──── 72
오~메, 니가 왜 여그 있냐 ──── 74
모진 바람이 델꼬갔재 ──── 76
이불 홑청이 꽃무늬로 바뀌던 날 ──── 78
곡(哭) ──── 80
그 연안에는 그림자 없는 치어들이 ──── 82
기억의 우물 ──── 84
된숨이 길러낸 시계꽃 ──── 86
볼바시옹 ──── 88
스테인드글라스 ──── 90
영결식장 ──── 92
금을 그은 시간 ──── 94
달랑게 어미 ──── 96
풍어의 덫 ──── 98

제4부 길은 남쪽 바다로

통곡 ─── 103
길은 남쪽 바다로 ─── 106
봄볕 ─── 108
함거 1 ─── 110
열선루 장계 ─── 112
회령포의 해후 ─── 114
강막지의 집 ─── 116
일심 ─── 118
숙부님, 편히 잠드소서 ─── 120
함거 2 ─── 122
태토에 꽂힌 심 ─── 124
북소리 ─── 126
울돌목, 불개미 떼 ─── 128

해 설

유성호   남쪽 끝 섬 한 모퉁이에서 부르는
　　　　　　사랑과 역사의 노래 ─── 132

제1부　끝이 보이지 않는 나는 아직, 중

하얀 질문

하늘 저쪽에서 흰 샘물이 솟는다

누군가 손짓하며 봐, 봐, 구름 구름 말했을 때
올려다 본 하늘에 구름은 없고 하얀 질문들이 떠다녔다

믿고 싶은 얼굴은 늘 딸꾹질처럼 흘역하고
찰나 속에서 덩굴처럼 얽히고 흔들리는 시간 속살들
눈빛과 음성과 체온들이 낯선 얼굴들 모여

컵 속에 담긴 아메리카노를 홀짝홀짝 말리는 오후

사거리 저쪽에서 또 다른 너와 내가 뛰어가고

그날 내가 창밖으로 놓친 것은 나였나, 너였나

답이 없는 질문만 분수처럼 솟구쳤다 스러지곤 한다

아직은

덜 여문 속을 힘껏 채우겠다고
두 주먹을 불끈 쥐게 하는 다짐이다

땡감 속에 떫게 배어 있고
숙성 덜된 장맛에도 서성이고
겹겹이 채워지는 배추 알배기에도 더러 있는
아직에는
설익은 열매에 살이 차오르고 있는
미처 이르지 못한 것들의 안쪽 설레는 지점에
당도할 때까지 흘려야 할 땀방울까지 살고 있다

산을 오르다 깔딱고개에서
잠시 서서 가쁜 숨을 고를 때
다시 힘을 내겠다는 장단지의 푸른 결의에도
야구 경기 9회말 투아웃에도 승기가 남아 있는
아직은, 지나온 뒤의 지점보다
다가올 지향점에 방점이 찍혀
다가올 시간에 대한 기대도 품고 있다

잠깐이 길을 가는 도중에 숨 돌리는 쉼표라면

아직은 끝까지 가보자는 오기 서린 행군이며
지치고 허기진 입술을 감춰물고
붙잡고 일어서는 기둥이다

여물지 못한 일끝 매듭
채워지지 않은 허기 속을 걷는
끝이 보이지 않는 나는 아직, 중이다

문득과 작은

저녁 밥상머리에서
무의식의 문을 열고 느닷없이 들어선 넌
골 깊이 숨은 기억의 꽁무니를 잡아 끌어올린다

멸치 국물에 된장 풀고 찬바람 겪으며 마른 무시래기를 넣어서 끓인 된장국에 숟가락을 집어넣자 오래되어 검은빛 도는 된장 같은 그녀 냄새가 코를 울린다

작은, 그녀 호칭 앞에 따라붙은 굳은 딱지 같은 것

비탈지고 거친 산 밑에 구르는, 일종의 몽돌 같은 것

작은 엄니 작은 집 작은 양리댁 작은 댁
'작은'엔 겨울철 큰 재를 넘어오는 서릿바람이 몰고 온
얼음알갱이들이 서걱서걱 박혀 있다

그녀 탯줄로 엮어진 풋것들에겐
'작은'은 보이지 않게 깊이 묻어 두고 싶었던
어둡고 깊숙한 흉골에 숨겨진 통증이었다

노을을 삼킨 어둠 짙은 저녁
홀로 마주한 시레기된장국이 불러들인 넌
텁텁한 어둠을 박차고 불현듯
의식을 비집고 들어선다

그리고 내 기억의 꽁무니를 길게
눈시울까지 끌어올려 길을 흐리고 있다

종이 방패

그래요
안을 감싸는 겉은 모두 옷이며 방패가 되지요

허공 텃밭에 물구나무서서
견디는 푸른 알맹이들
한 송이 한 송이, 골무 같은 방패를 입고 있어요

품에 품은 여린 살에 살들이 박혀
짓물러 뭉크러지거나 말라 쪼그라지는 걸 막을

수억 개의 장전(長箭)을 발사하는 햇빛
팽팽한 꽁지 끝 편전을 쏘아 대며 달려드는 날벌레들
줄기 타고 오르며 침을 난사하는 곤충들의 침범
가끔 박치기로 들이받는 태풍까지
푸르게 여물어 가는 것들을 이 얇은 막이 지켜내고 있어요

이 찬란한 전장
남쪽 귀퉁이에서 한 송이 한 송이 겉옷을 입히는
그의 이마에 알알이 맺힌 땀방울들을 뚫고

바삭 마른 해가 누렇게 자신을 닮아가는 낮에
구불렁구불렁 샛길들을 만들고요

종이 방패 속에서는 푸른 단내가
그 안쪽을 둥글게 돌며 옹골차게 영글어요

바닥짐

보셨나요
장딴지에서 출렁대는 시퍼런 물길

낮게 낮게 발길에 걸린 것들 옆으로 밀쳐놓고 종아리로 몰린 후 상승하지 못하는, 삶의 절벽을 만나 하얀 신음 콸콸 쏟으며 뛰어내리다 긁히고 찢겨진, 혈관 속 물이 종아리 소(沼)에 이르러 욱신거리는 통증을 달래며 살짝살짝 움직이는, 시퍼렇게 질려 있는

거대한 소, 바다는 지구에겐 가장 낮은 바닥이지요 기울어진 체구의 균형을 꽉 잡아 주는 바닥짐인 거죠 배로 말할 것 같으면 그것은 일종의 평형수죠

어머니의 울퉁불퉁한 하지정맥도 휘청거리던 집을 잡아준 평형수였죠

바지락 소라 꼬막 갯것들 함지에 주워 담을 때, 외줄로 동여맨 함지수레를 소처럼 끌고 뻘길을 걸어나올 때, 정수리에 따리 얹고 함지박 짐 이고 오른손 무릎을 짚으며 왼손 머릿짐 잡고 안간힘으로 일어설 때, 시장 골목 끝 좌판에서

건져온 바다를 쉰 목소리로 다 팔고 오금을 펴고 한 번 더
기어이 일어설 때

    그녀 장딴지에 몰린 푸른 물자루들이
    울룩불룩한 퍼런 길을 내고 있는 것을
    보았지요

가을, 펜션의 뜨락

나로도 펜션 뜨락으로 한 무리 벌들 날아든다
발가락 가득 오후의 고요를 꽃가루처럼 묻히고서
꽃 위에 고인 햇살을 소리 없이 마신다

꽃들의 종아리 사이로 미지근한 바람이 달리고
가을볕의 무료함이 고여 드는 풀잎 위를
붉거나 노란 정원으로 착각한 벌들
햇살의 층계를 딛고 내려와 털신 신은 발을
푸른 잎 위에 사뿐히 올려놓자
공전하던 지구가 놀라, 순간 숨을 죽인다

펜션 안쪽에서는 커피 끓는 소리가 풀벌레 소리처럼 깊어 가고
　바람도 구름도 우주 밖으로 한발 쉬러 나가는 시간
　태풍이 지나고 채식주의자처럼 순해진 화단에서
　바늘꽃이 남실바람과 손을 잡고 흔들며 놀고 있다

　억척스럽던 폭염도 시들어버린 오후
　남쪽 끝 섬 한 모퉁이에서 일손 놓고 앉아
　바늘꽃, 자잘한 생에 깃든 은밀함를 만져 본다

갯바람 청소기

멍멍함이 자리를 깔고
생각의 길을 막으면
갯벌로 통하는 바다로 간다

바람이 일으킨 방향 따라 지어진 물결무늬
갈대숲을 들며나며 차오르는 파도 소리
길섶에 환삼덩굴 사이에서 닭의장풀꽃도 귀를 넓게 편다

따개비가 다닥다닥 앉은 돌집을 들추자
낯선 침입자에 놀란 고동은 더듬이 혀를 걷어들이고
먹이를 구하던 게들도 허둥지둥
몸 하나 웅크리고 들어갈 작고 둥근 집으로 숨어든다

빠졌던 물이 다시 차오르자
산그늘과 나무들은 물비늘이 통통 튀는
바다거울에 자신들을 비춰보며 키를 재고 있다

갯바람 청소기로 온몸을 흔들어 먼지를 털고
맘에 깔려 있던 찌꺼기들 빨아내어 허공에 날리니
청량해진 생각이 엔진에 시동을 건다

구월, 심포니

팔월 꽁무니는 여치 소리에 잘리고
테라스 난간에선 축축했던 어제가
비끼는 햇볕에 구월 언저리마저 말리는데
대문 밖까지 바람에 실려 온 비린 바다가
내 옷자락을 끌어당겨요

길가 풀숲엔 메뚜기 방아깨비 사마귀가 발소리에 놀라서 뛰고
환삼덩굴 가시에 갇혀 목만 내민 왕씀바귀꽃이
푸른 밧줄 좀 걷어달라고 목청 갈라지게 외쳐요
거미줄에 감금된 폐가는 담쟁이가 수문장인데
짝 찾아 날개를 비비대는 수컷 여치들 발기된 울음에
누가 심었는지
고샅길 옥수수는 뒤늦게 쫀득한 속도를 내어요

이마 가득 주름 잡힌 저 맨드라미처럼
눈부신 고요 한 필 비단 올처럼 펼쳐진
섭정 앞바다 오후 끝자락
찰나의 생이 여무는
적막의 숨소리가 깊어요

담장을 걷는 넝쿨 위의 박 뜸 드는 소리, 아득하고

노을이 태운 흔적

서쪽 하늘 귀퉁이에
햇조각들이 벌겋게 뒷심을 내고 있다

오래전 아궁이 앞에서
피워 올리던 어머니의 상기 된 푸념과 닮은
저 선명한 불덩어리
때로는 어릴 적 내가 숨겨둔
장롱이나 서랍 안쪽의 비밀스러운 일기장처럼
이 저녁 밖의 체적을 부수고 내 안으로 스며든다

이 저녁 어느 쪽에서부터 걸려 넘어졌는지
이 저녁 어느 쪽에서부터 슬픔이 실밥처럼 터졌는지

화폭에 베어든 유화 물감처럼
내 머릿결 안쪽으로 붉은 파편이
쏟아져 내려 내 속을 쑤셔 놓고
태운 자국을 검게 덮으며 떠나고 있다

떠난 자리엔 얼룩이 있다

너를 지우고 있다

손님들이 머물다 간 빈자리를 쓸고 닦다 보면
동전처럼 떨어져 있는 무수한 흔적들을 마주한다
아무리 닦아도 표백되지 않는 도시 저쪽, 피곤의 입자들
누군가 채 가져가지 못한 한숨과 불면들을 진공청소기로 빨아내도
통증은 밀고 들어오는 압정처럼
내 안으로 욱신, 파고든다

혹시 어딘가 무엇으로 숨어 있을 너를 찾다가
내 구석진 곳에 아픔으로 와 있는 너를 본다

언제 왔는지 푸르렀던 달력 속으로 가을이 방을 얻고
새로운 태풍 예보가 이방인처럼 문을 두드린다
나무가 흔들리자 또 떨어지는 낙엽 속에
지난날 멍들었던 바람의 얼룩이 묻어 있다

버림받은 외면들이 그 안에서 울고 있다
애써 지우려 해도 남아 있는 얼룩

얼음 열쇠

아니, 그게 아니고……
하는 순간 너의 입에서 스파크가 튄다
내 말에 토 달지 마− 내가 거부당한 것 같으니까
순간 너와 나를 이은 접선이 철로를 이탈한 열차처럼 확, 어긋난다

넌 등을 보이며 캄캄하게 누워 버리고
난 문 앞에 서서 화가 둥글게 말린 너의 얼음 같은 등을 본다
딱딱하고 차가운 빙하에 따로따로 갇힌 너와 나

널 안으로 잠가 버린 자물쇠를 열려고
제발 열어 봐 열어 봐 열어 봐 힘껏 문을 잡아당겨도
도무지 열리지 않는 너라는 문

때 지난 열쇠들로 이 구멍 저 구멍 간절히 밀어 넣어보지만
너란 문에 맞은 열쇠는 없다

놋쇠처럼 무게만 늘어가는 걱정

시퍼렇게 얼어붙은 두 손을 비벼대며
읍소형 낡은 사랑 열쇠까지 디밀어 보지만
잔바람 한 점 일지 않는다

터럭만 한 기척이라도 잡으려 허공을 나르는 궁리들
빙하처럼 굳어 버린 너의 문틈으로 새어나온 미세한 빛이라도
찾아본다 손끝 살짝 대기만 하면 열리는 열쇠로

열어 본다, 소리의 문
두두 두두두 두두두둑 두두두두두두 두두두두두두
가만가만 손끝에 깃든 간절함으로

입말로 잠갔던 걸쇠를 손말 열쇠로 여는 중
길다

유자나무 유언

달력 속 한 해가 한 줌 남고
그리움이 진해지면 달빛도 유자처럼 익어 가요

생전에 심어 놓고 간 당신의 되새김이
해마다 가시처럼 양각으로 돋아나고
푸른 잎 사이사이 향주머니에 담겨 영글어 가지요

마지막 당부 후에도 당신은 뭐가 걸리는지
쇠 긁는 숨소리, 사흘간을 목구멍만 살쇠로 긁고
눈만 크게 뜨고 있었지요
숨 고비를 쉬이 넘기지 못했어요

그날 밤, 북쪽을 지키던 유자나무에
당신 눈빛 닮은 조등이 걸렸어요
지금도
이 계절이 되면 당신 음성이 들려와요

생전의 당신 헛기침처럼 간밤 유자는 불쑥불쑥 또 여물어

오늘 아침 나무에는 어제보다 눈부신 주황빛 전구들 가

득해요
　싸늘한 바람 열고 문득 뒤뜰에 서면

잘 익은 당신 음성 가지마다 주렁주렁 열려요

자화상

대책없음이 대책입니다

진입금지 표시도 출구 표시도 보지 못하고
내려가는 쪽인지 올라오는 쪽인지 헤아릴 틈도 없이
무작정 뛰어 엘리베이터로 들어서자
모든 계단이 파도처럼 밀려드는 바람에
질겁하며 뒷걸음질 친 적이 있답니다

가방 문 열렸네요

누군가 켜주는, 잠시 멈춤 신호음
난감함을 벗어날 따스한 배려
헤벌어진 정신을 꽉 붙들라는 조언
자잘한 톱니바퀴 문 열려 쏟아질 생의 잡동사니들
헤픈 입, 야물게 단속하라는
은근한 충고이기도 한 그 신호음을
가끔씩 듣곤 한답니다

뇌는 작동이 느린 신호기랍니다
머뭇거리다 신호가 바뀌서 또 기다려야 하거나

약속 시간 직전에 빠뜨린 것이 생각나
가던 중 다시 돌아와 챙기다 보면
약속 장소엔 늦게 도착하기 일수랍니다

고뿔 같은 손님이 찾아들면
따뜻한 대추차나 유자차로 대접하고
며칠간 따뜻하게 잠을 푹 재워 보낸답니다

가끔은 대충이란 벌레에 갉아먹히기도 하는
대책 없는 대책이 허둥지둥 서쪽 신호등을 향해
숨가쁘게 뛰어가고 있습니다 저기요

어둠 광합성

그날 이후
불이 켜지지 않는 공자 씨 섬은
꽃도 나무도 길도 고양이도 사랑이도
모두 검은빛이 되었어요

해가 뜨는 아침에도 암흑이어서 그녀의 넋두리를 무한 받아주는 사랑이와 연결된 끈을 빛처럼 잡고, 어둠을 더듬으며 뒤란 비파나무 밑으로 가지요 그 애가 뒷다리 하나 치켜들고 생의 요긴한 동작을 하는 동안, 기둥을 약간 비켜 앉아 그 뜨끈한 소리를 들으며 속으론 기다림을 느릿느릿 세지요 그러곤 마분지처럼 딱딱하고 검은 어디쯤을 향해, 사랑아 응가 시원하게 했어? 라고 물으면, 녀석은 그녀 무릎팍에 달라붙어 꼬랑지를 계속 흔들어 웃어 주어요

녹내장이 두 눈동자로 동시 침입한 그해 가을
먹물진 내일이 두 눈에서 장맛비처럼 내렸어요

그녀의 눈이었던 반쪽이 먼 곳으로 떠나고, 세상은 더 짙은 적막으로 채워졌죠 캄캄한 날들의 기공이 손가락 끝 감촉으로 열리고 닫혔어요 검은 진공의 날들은 손끝이 더듬는

그 끝에서 싱크대나 밥솥이 되어 나타났지요

  오후엔 가끔, 사랑이를 의지해 실버 카에 따사로운 햇살을 싣고 방파제까지 다녀오곤 하는데요 녀석이 너무 멀어지면, 사랑아 천천히 천천히 둘 사이에 연결된 끈을 잡아당겨 그녀 호흡 가까이로 녀석을 끌어와 장애물을 속아내는 거예요

  섬 모서리 토방에서, 사랑이가 환한 저녁을 먹을 때면
  그녀는 사랑이 등에 따뜻한 독백을 한가득 얹어 검은 오늘을 쓰다듬어요

  밤이 되면 그녀는
  한 뼘 더 짙어진 적막 위로 더듬더듬
  하루의 광합성을 멈춰요

  몸을 움츠린 어둠도 사랑이도 곤히 잠든 밤은
  고요의 숨소리만 깊어 가요

힌남노 주의보

지구를 거부하던 그녀를
슈퍼 태풍이 몰고 갔다

우뢰와 비와 바람을 온몸으로 휘저으며
개발 중인 산속 흙길을
공사중이라는 표지도 둘러친 줄도 무시하고
번개 불빛에 놀라던 무서움도 발길에 묻고서
태풍이 몰아쳐 울부짖는 어둔 산길을
물 폭탄을 맞으며 그녀가 걸어 들어갔다

무엇이든 손으로 휙 낚아채곤 하던
손놀림이 빨랐던 그녀에게
눈에 밟히는 어린 남매를 남겨두고
아득함, 저 휘몰아치는 비바람 속을
스스로 걸어가게 한 건 아무리 생각해도
태풍의 손짓이 있었지 싶다

그녀 몫이 지상에서 사라진
그날 밤, 무싹 같은 남매가
엄마를 부르는 애타는 소리는

울부짖는 폭풍우처럼 쏟아졌다

태풍을 몰고 왔던 저기압의 잔류는
온몸을 흔들어대며 며칠간 눈물을 더 쏟아내고
그해 여름은 지나갔다

제2부　우주로 출항하는 누리호

고(孤), 내 슬픈 전설의 페이지*
−천경자의 그림

  안료 접시들을 방바닥에 늘어놓고
  판소리나 가요를 틀고 화선지를 바닥에 펼치고
  엎드리거나 한쪽 무릎을 세우고 앉아 붓을 들면
  가슴 속에 뭉쳐 있던 응어리는 종이 속으로 숨어들고
  머릿속에 가득 차오른 꽃 나비 뱀 화관을 쓴 여인들이
  화려한 슬픔의 옷을 입고 또 다른 나로 태어난다

  그땐 내 탯줄의 뿌리, 고흥이
  고음으로 흥을 돋우며 읊조려진다
  짜야 짜야 부르며 옛애기 꼬숩게 들려주던 외조부
  긴 담뱃대 물고 귀염머리 땋아 주던 외조모
  소나무 숲속에 꽃들이 아기자기 피던 봉황산 자락
  나락 벤 터에 덕석 깔고 차일 막을 친 무대의 곡마단 아가씨들
  우중충한 날이면 들꽃 따 머리에 얹고
  히죽거리며 읍내를 돌아다니던 서럽고 고운 언니들
  보통학교 운동장에 노란 원피스를 입고 머리에 하얀
  모자를 쓰고 서 있던 예쁜 길례 언니

그들이 뜨끈하고 환한 색으로
 내 안쪽 문을 열고 들어선다

 누구를 그리고 무슨 색을 칠하든
 그 속엔 그 계절의 내가 들어 서 있다
 아린 현실이 꿈틀거리면 똬리 틀고 앉아 있는 뱀으로
 때로는 꽃이나 나비의 화관을 쓴 어느 왕조의 황후나 공
주로
 어쩔 수 없는 공허함은 여인의 검은 눈동자 중앙에
 또 하나의 흰 구멍으로 남긴다

 환하게 드러내고 싶은 것은
 입히고 입히고 덧입혀서 겹겹이 켜를 이뤄 드러내고
 지우고 싶은 것은 흙으로 덮어 버리듯
 씌우고 씌우고 덧씌워서 색으로 묻어 버린다

 내 그림은 내 비애가 풀어낸 환상
 내 천川을 함께 건너는 길동무다

 담배 연기 한 모금 허공으로 뿌옇게 날리니

비바람 넘나드는 봉황산 검버섯 가득 핀 바위틈에 핀
　자잘한 산국의 금빛 향내가 메아리로 다가와 코끝을 울
린다

　• 천경자 자서전, 『내 슬픈 전설의 49페이지』 제목 차용.

우주로 출항하는 누리호*

순간, 귀청 찢어지게 울리며
꽁무니에 불꽃을 단 누리호가
나로도 봉래산 머리 위로 휙 올라간다
물이랑 일으키며 지나는 뱃길처럼
누리호가 굉음 지르고 기단을 바꿔가며
우주 바다로 항해를 떠난다

  오늘은 우주를 개척할, 무수한 꿈들이 합체된 로켓으로 진화한
  누리호가 바다보다 더 푸르고 깊은 우주로 첫 출항을 떠나고 있다

오래전
물이랑 잠재우며 한 겹 한 겹 개척했던 뱃길처럼
간절함이 하늘에 닿았음인지
오늘 여기, 나로도 상공에
누리호가 범선처럼 또 하나의 길을 내고 있다
참 많은 진화를 넘고 넘어 벼락치듯 우주길에 오르고 있다

우주 항해를 떠나는 누리호를
길이길이 이어갈 우주를
두 팔로 들어 올린다

움찔하던 괭이갈매기들
세월을 날개에 싣고
나로도 바다 위에서 낮은 비행을 즐기고 있다

* 국내 기술로 자체 개발한 대한민국 최초의 저궤도 실용위성 발사용 로켓.

절이도 구름파수꾼

열이 식어가는 팔월의 끝자락
거금도 고라금 선착장에
묶여 있는 낚시배 수량과 그 흔들림이
그날의 날씨를 말해 주어요

거금대교 휴게소 한 켠
햇살에 들썩이는 우주소년조각상 옆에 선
절이도해전승전탑*은 태풍에도 굳건하지요

거금도와 소록도 사이 해협으로
물뱀처럼 밀려왔던 왜적 함대를 수장시켰던
사백여년 전 무술년 칠월 그날
여기 고라금 섬굽이에서 일어났던
포탄 소리와 쏟아지던 비명 소리를
소나무는 안에서 둥글게 나이테로
바위들은 몸 바깥에 금으로 켜켜이 새겨두었지요

이 해안의 기복처럼 구부러진

광동함장을 어르는 건,
아군 갈고리로 건져낸 수급을 담은 고리짝을
그의 손에 쥐어주는 것 뿐,

오십 넷 폭 병풍으로 붉게 채워왔던 생
그때 조선 함장 수심은 아직도
물길 밖 침입자들이 이 나라를 넘볼까 봐
구름파수꾼이 되어 이 땅을 순시하고 계시는지요

• 절이도는 현재 고흥군 거금도의 조선 시대 지명이며, 정유재란 반발 후 무술년(1598년)년 음력 7월 이순신과 진린의 조명연합군 첫 전투 승전지인 이곳에 세우진 승전기념탑임.

나로도 진터길*

피 말라가는 풀들이 매캐한 유언을 남기는 계절
울음 잔뜩 머금은 구름들 허공에서
지상침투작전 계획 중인지 부산히 움직입니다

순천과 여수를 등지고 앉아있는 진기산이
치마폭에 나로도 바다를 품고 있는 이곳은
사양도와 쑥섬이 양쪽 문지기처럼 보초 서고
자연 방파제, 작은 섬들 겹겹이 둘러친 사이로
배들이 젖은 시간을 가르며 들고나고 있습니다

칠년 전쟁 끝자락에 조명연합군이
순천왜성을 등지고 진을 쳤던 이곳
섬 산봉우리마다 망군을 세워 왜군의 동태를 살폈던
두 나라 연합 수군의 임시 두둔지며 작전지였던

술잔을 마주한 두 수군 제독이 나눴던 대화를
사백여 년 동안 물길과 함께 걸어온 바람이 내게 전해주어요

통제공, 공은 작은 나라에서 살 사람이 아니요 대국에서 벼슬을 할 사람이오 천자께 천거하겠소 지금은 왜 행장이 물러가겠다하니 화친을 허락해 주시지요

도독, 대장된 사람은 화친을 말해서는 안 되고 또 이 원수는 결코 놓아 보낼 수 없습니다[**]

명수군 함장 도독은 살 길을 넓게 펼쳐 보이고
조선수군 함장은 검에 새겼던 결의를 물길을 가르듯 날렸습니다

크고 작은 남쪽 섬들의 굽이굽이
생의 요긴한 것들을 나르는 배들이 지나는 물목
나로도 진터길
두두둑 뚝 뚝 뚝 두두둑 두두둑 주루룩
먹구름 작전이 시작되고 있습니다

---

* 1598년(무술년) 이순신의 조선수군과 진린의 명수군, 조명연합수군이 나로도에서 9월 15일부터 11월 노량해전 사이 두 번 임시로 진을 쳤던 곳.
** 이분, 「이충무공 행록」, 무술년(1598) 11월, 인용.

발포리에 와서

　해마다, 우수쯤 와서 새끼 낳고 살다가 서리가 내리기 시작하는 입동쯤이면 떠났던 왜가리 가족이 올해도 변함없이 밥주발 닮은 발포마을 입구 동령산에 돌아왔다고 와-악 와-악 울음소리로 알립니다

　도제산 기슭 아래 깃발들이 보초를 선 성벽 위에 서서, 서른여섯 살에 만호로 부임해 와서 모함에 떠밀려 일 년 팔 개월 만에 떠났던 여해*를 뵙습니다 사월이면 보랏빛 나팔을 부는 오동나무에서, 건너편 동령산에 과녁판을 세우고 활쏘기 훈련을 시켰던 관아터에서, 방파제처럼 마을을 지켜주는 작은 무인섬들 사이로 드나드는 배들이 출렁이는 포구, 곳곳에서 여해를 뵙습니다

　오늘 발포리 포구엔 동령산 왜가리 울음소리, 간간이 지나는 도로의 차량 소리, 역사전시 체험을 하고 나온 아이들 소리, 나로도 풍남 풍양 금산 양식장에서 물김을 싣고 온 배들과 긴 장화옷을 입고 하역 작업을 하는 외국인 노동자들의 알 수 없는 음성들까지 왁자합니다

이 저녁 포구에 서서, 마을 동산에 왜가리가 찾아들 듯 행여 여해께서 안개나 바람으로 다녀가실까 가만 가만 해풍에 밀려가는 해무의 옷자락을 만져 봅니다

* 충무공 이순신의 자.

분청사기덤벙문달항아리

옆구리에 구름 한 줄 걸친 만월이
생전의 당신처럼 가부좌로 앉아있습니다

회청색 태토가 달덩이로 성형되어 백토물에 덤벙 담겼다
가마에서 구워져 한 치 줄어든 항아리로 나오자
니 속 맴이 그대로 니 손길로 빚어진다 하셨던
당신도 음성도 하얗게 살아서 가마 밖으로 걸어 나왔습니다

새벽이면 치미는 잔기침들 한 모금 물로 다스리듯이
마지막 남기신 말씀도 몸과 함께
내 안에 음각이 되어 천천히 식어갔습니다

집 귀퉁이 감나무 우듬지 끝에 걸린
저 백토분장한 둥글고 큰 달덩어리

오늘 밤 당신이 오셨다 가시는 중인가요
도요지 가마 속 불의 온도 친히 가늠하러
별을 달고 잠시 뒤뜰에 내려 오셨습니까

산 중턱까지 긴 경사를 앉혀 가마가 누운 이 돌담 안,
구름 그림자가
창호지 밖 매화의 잔등을 어루만지다
새벽닭 홰치는 소리 어둠 깊이로 덤벙, 잠겼다 떠오를 때

싸리문 밖에 분청빛깔처럼 언뜻 스친 낯익은 뒷모습 하나
저만치 무명옷 되더니 이내 흰나비처럼

멀어집니다

남쪽 섬굽이

갯뻘 모서리 솔밭 아래
울렁거리는 세월을 운동화 한 켤레에 싣고 그녀는
물비늘 밀려왔다 밀려나가는 해변에 닻을 내렸지요

발로 자전거 페달 밟듯 평생 제봉틀만 돌렸다던 그녀, 부풀들이 눈으로 쌓였는지 시력에 백태가 끼어 세상은 늘 희끄무레한 안개 낀 바다였지요

어느 해 소용돌이치는 돌개바람이
혈육도 터전도 앗아간 이곳으로 돌아온 그녀는
솔향기가 손이고 목소리인 내게 아침마다 애틋한 손길로
바늘처럼 삐쭉삐쭉한 내 푸른 머리칼을 쓰다듬지요

태풍에 한 팔이 꺾인 침엽의 생애인 내 하루도
그녀 발자국 소리 들으며 열리고 닫혀요

상처 입은 자들은 구석진 곳을 기대며 살아가나 봐요
뼛속을 파고드는 거친 바람이 내 몸을 심하게 흔들어도
그녀 발자국 소리 기다리는 설렘으로
나의 하루하루는 짙어져 가거든요

파도 주먹에 끊임없이 맞고 맞아
구멍이 숭숭 뚫린 내 발부리 아래 앉아있는 갯바위에
굴 따개비 해초 고동 들이
그 바위를 꼭 붙잡고 환해지듯이 말이에요

어둑새벽의 해안은 그녀의 발소리와 함께
물길 끝 젖은 일출을 불러요

우주로 이주하다

동래도 선착장 종점은
나로우주센터로 가는 길목, 나로대교
착공일에 날잡아 우주로 이사를 갔는지
고흥동방여객 매표소 간판만 폐가에 갇혔다
녹슨 자물쇠가 유물을 지키는 파수병처럼
앙물고 문고리 붙잡고 있다

아홉 살 천옥자* 눈에 블루색이 출렁대는 꿈의 바다로 각인되었던 곳, 시집살이 매웠던 새색시 예내리 홍자 씨가 도망 나와 올랐던 첫 육지, 신금리 정씨네 장남 현우 씨가 객지에서 터전잡고 짝 만나 정월 초하룻날 고향 예배당에서 혼인식을 하고 오갔던 추억의 신행길, 이었던 이곳은 나로우주센터 탄생과 함께 전설이 된 동래도 앞 선착장 종점

한때 섬과 뭍을 이어주던 중매쟁이 찻배**가
나로도의 애환을 싣고 들고 나던 종점 정류장은
나로도에 우주길이 뚫리자 창공으로 이주하고

잠깐, 차와 배의 기다림에 목을 축여주던 선술집도 떠나고
　붐비던 사람들의 발길도 끊기고 낚시꾼 한 둘이 뜸하게 있다

　봄이 한껏 부푼 오월
　야생 갓꽃이 버스 자리를 노랗게 덮고
　저물어 가는 해 시간에 맞춰
　눈을 뜬 소쩍새가 암컷을 애타게 부르는
　소쩍 소오쩍 처연한 구애 소리가 적막을 깬다

* 화가 천경자의 어린 시절 이름.

노린재의 고비

창틀을 깨우는 마른 속도들
창백한 속도가 살의 비명인 강쇠바람은
가파른 생의 마지막 끈을 꼭 붙잡고 있던 나를
하얀 건물 창문 옆 벽에 던져 놓는다

톱다리로 콘크리트 벽을 타자 후둘후둘 공포가 돋는다
방충망 사이를 비집는 일은, 또 한 번 내 생을 쥐어짜는 일
하루치 먹이를 구하는 일이란, 늘 저승까지 드나드는 일이라서
집에 두고 온 식솔들 얼굴이 하나씩 지나간다

오금 저리게 버티던 시간
오른쪽 뒷다리가 먼저 꺾여 몸을 떠나
땅바닥에 내동댕이쳐진다

내가 뿜어내는 노린내는 마지막 비명이다
아무리 냄새를 딛고 일어서려 해도
수시로 휘두르는 바람의 채찍만이 문신으로 남는 시간

왜 없을까, 잘못 든 길에서 추락하는 날
한 설음을 주섬주섬 새기고 있을 때
창문이 열렸다

어머, 노린재네 하며 앞치마를 두른 자혜로운 손이 날 나무 둥치 위에 안전하게 놓아주었다 그 집 거실에서 들려오는 뉴스 속보에선, 카고 크레인에서 아래로 추락사한 어느 인부의 붉은 소식이 걸어 나왔다 나는 방금 전까지 몸으로 내질렀던 비명들을 챙겨

눈망울들이 기다리는 집으로, 천천히 기어간다

영하 3도

가쁘게 달려와요
물이 들 땐 파랑은 마라토너처럼

반으로 절개된 무궁화 꽃술 같은 섭정리 갯벌, 물이 빠져나간 살얼음 낀 바닥에
잘디잔 구멍마다 고인물에 든 해가 뻘 속을 더듬어요

금오도 쪽으로 빠져나갔던 썰물이
바쁘게 섭정리 갯벌로 다시 밀려들자

석 달 전 할아버지 구름 속 처소로 이주시킨
말순 할머니, 긴 장화에 딸려 있는 어린 손주 끼닛거리로
바지락 캐어 한 들통 담아 밀고 뻘이 범벅이 된 몸을 거둬
갯밭을 바삐 빠져나왔어요

할머니가 걸어 다닌 발자국이 파도에 얹혀
울렁거리는 물껍질 속에 잠겨요

온몸 시퍼런 바다
오늘 기온은 영하 3도

움직이는 주추

발바닥은 집 한 채를 이고 걷는다
세로로 두 기둥 견고히 세우고
하루가 걸어갈 길을 펼친다

저릿저릿한 무릎 뒤편 다리 기둥
바닥에 힘을 바짝 주고 몸을 세워
생의 텃밭인 바다로 간다

물옷을 입으면 나는
새 길을 내는 물고기

  한 줌 숨 폐 안에 가두고 물의 뼈들을 가르며 몸을 힘껏 민다 호흡마다 건져낸 모둠들 망사리에 넣을 때 가뒀던 숨 휘파람소리로 파도친다 수십 번의 자맥질로 테왁을 붙잡으면, 저만치서 물질하던 해가 마지막 붉은 물감을 바다에 던졌다 망사리 가득 출렁이던 물 좋은 숨비소리들, 알약에 기댄 하루가 뭍 위를 올라왔다

  망사리에 매달린 곤한 나의 주추가 어둠을 부수며 느리게 느리게 골목을 헤엄쳤다 돌담에서 나온 어둠이 울안으로 날

끌고 오면 망사리 안에 붙은 문어발 같은 어린 입들이 나를 기다렸다 지난가을 깊은 물속으로 애비 떠나보낸 내 새끼들, 허기만큼 검은 현무암 아래 쪼그려 앉아, 소라보다 더 깊이 패인 눈망울로 망사리 안 갯것들을 재빨리 뒤적였다

  물에 부은 시간이 또 저문다

풀숲 이슬

테라스 바닥에 뒤집힌 사슴벌레가
발버둥치는 모습을 한참 본다
제자리에서 등으로 기어가다 다리들을 구부렸다 폈다 하다가
이제 온몸을 구부리고 움직임을 멈추고 죽은 듯이 있다
몸에 손을 대니 꿈쩍하더니 바로 멈춘다.
움찔대는 녀석을 민들레 풀숲에 가져다 놓는다

잠깐 뭔가에 눈을 돌렸다가
놓아둔 풀숲을 보니
벌써 녀석은 사라지고 없다
발걸음 소리 죽여 어디로 갔는지 없다

느닷없이 떨어져 죽을 고비 겪는 사슴벌레처럼
잠깐 어미 눈길을 놓친 한 아이가 열흘만에 살아 돌아왔다
보이지 않은 어느 손이 받쳐주었을까

숨길 이어준 손길은
대지가 품어올린 호흡이, 물기 머금은 구름자락이
풀숲에 와 맺히는 이슬

거미줄 과녁

벚나무 가지 사이, 허공에 매달린
거미줄 과녁에 바람이 쏘아 올린
벚꽃잎 촉이 엮어 짠 꽃잎 방패
작은 목숨들 여럿 건졌겠다

거미줄 흔들릴 때마다 꽃잎 방패
석양빛이 스민 물비늘처럼 살짝살짝 출렁이고
나도 속이 울렁거렸다
눈앞에 어룽거리는 하루살이 한 마리도
하루란 그 짧은 일생마저 견뎌주지 못하고
두 손바닥을 펴서 그 사이로 몰아 놓고
맞부딪혀 살생을 했던 내가 거미줄이란 생각에

거미줄에 붙은 꽃잎처럼 생 끝자락에서
간으로 두 눈으로 콩팥으로 심장으로
다섯 명을 소생시키고 떠난
한 청년이 떠올라 노을이 눈에 담긴다

찬 기운 아직 가시지 않는 삼월의 끝자락
거미집 과녁 사이로 서녘 하늘이 붉다

녹명

대보름날이면 웅치 부춘마을*에선
장정들이 집집마다 돌며 매구를 쳤다
그가 선소리로 징을 쳐 울음소리를 공중 높이 세우면
꽹과리 북 장구가 동시에 어깨동무를 하고 어울려 울었다

먹이를 발견한 사슴이
끄으엉 끄엉 울음소리로 무리를 부르듯

징징깨갱갱두두둥둥 둥 둥 징 징

일림산(溢林山) 골골이 흘러내린 물줄기가
보성강 주암댐 섬진강으로 칭얼칭얼 모여들듯

낫처럼 허리 굽은 할매 하네들
등에 애기 업은 아짐들
호기심 깊은 눈망울, 애기 사슴 같은 조무래기들
건너편 소나무에 매인 염소 울음도
아래 논배미에 줄 서 있는 살얼음 낀 벼 끄트럭도

산 밑 서릿발에 들뜬 밀 보리밭 위로 나는 새도
눈서리 찬바람 억세게 견딘 삶들, 모두모두
함께 먹고 함께 살아내자고 징으로 울었다

대보름쯤 웅치에 가면
풍물 소리에 맞춰 어울려 어깨춤도 추며
집집마다 들려서 막걸리도 한 잔씩 걸치며
매서운 북새풍 불어 닥친 세상 함께 건너자는
그의 울음소리

징 징 징 징 징 징 징

녹명처럼 멀리멀리 오래 울었다

• 전남 보성군 웅치면에 소재한 농민 백남기 님이 나고 살았던 마을.

톤즈의 망고나무 그늘

이곳에선 사람도
흙먼지와 동급이어요

내전을 앓고 있는 이곳에, 비행기 굉음이
느닷없이 머리 위에서 독수리처럼 맴돌면
혼이 도망나간 눈들은 뿌연 허공에서 숨을 구멍을 찾다가
망고나무에 머리를 기대고 귀에 손막을 치지요

파더 쫄리[*]
그는 톤즈로 이식된 망고나무였어요

햇볕이 수직으로 방사되는
톤즈에서 망고나무 그늘은
영혼의 갈증을 적셔주는 예배처
육체의 상처를 치유하는 이동진료소
아이들의 배움터고 놀이터 쉼터며
공습이 있을 땐 神의 품 같은 방공호였지요

섭씨 오십 도를 오르내리는 더위를 식히는 톤즈강에서
악기에 입과 손과 눈을 맞추는 브라스 밴드 연습장에서
생의 최초로 가죽신을 신어 본 아순다의 몽퉁한 발가락에서
흙먼지 이는 톤즈 거리 어디에서나
푸른 두 팔을 펼친 망고나무처럼 그가 있어요

그의 망고나무 싱싱한 가지마다
깊고 투명한 검은 눈망울들이 맺어가는
오래 들어도 식지 않는 그의 음성이 씨로 박힌
열매들이 노랗게 익어가고 있어요

* 톤즈에서는 이태석 신부를 파더 쫄리(존리 신부)라고 불렸는데, 이는 세례명 '요한(존)'에 그의 성씨 '이'를 합친 것이다.

제3부 오~메, 니가 왜 여그 있냐

무영無影

울 엄니 눈물샘 근원인 나는
푸르고 비린 열일곱, 그림자가 없어요

마당 끝 감나무 그림자도 떨고 있던 날, 그해 가을
대판통에서 마지막 교전이 있었지요 폭풍우처럼 탄알과 총알이 허공을 날아다니고, 삐라와 확성기 소리 공중에서 어지럽게 섞이고, 거리로 쏟아진 교복들과 낡은 무명옷들은 가슴이 뚫려 도미노처럼 고꾸라졌지요
하늘은 동공이 열린 채 붉게

타고 있었어요

낮게 숨죽인 논둑과 신작로에 까맣게 던져진 주검들
엄니가 내게 주신 눈과 귀, 피로 출렁여 허공 가득 내 이름을 부르던 엄니의 절규를 담지 못한 채 식어갔어요

그날, 나는 실성한 엄니 가슴에 박혀 붉은 화석이 되었어요
시도 때도 없이 울컥일 때마다, 엄니 눈물샘에서 치솟은 물줄기로
내 딱딱해진 동공엔 검푸른 이끼도 자리 잡지 못해요

푸꿍새

울 엄니 몸은 열여섯살 오빠가 사는 당집

푸꿍푸꿍 우는 푸꿍새로 니가 당매산에 왔냐
이 아침, 동네 문턱까지 왔으면 집에 들어와 어미 보고
주린 배 따숩게 밥 묵고 새옷 입고 가지

낮으면 텃밭의 지심을 메는 엄니 호미도
엄니 부르며 사립문을 여는
교복 입은 아들을 켜어오고

저녁 안개가 소영리* 바다에서 일어나
너울성 파도처럼 밀려들어 호형산 산마루를 덮으면
엄니는 마루 끝에 앉아서 긴 담뱃대에 풍년초를 향으로 태우면서
윗목 놋쇠화로에 불씨를 다둑이며 긴 어둠을 밝혔다
밤 내내 눈가에 밤이슬처럼 그렁그렁 아들이 맺혀
엄니 눈에선 해일이 일었다

신새벽 앞개에서 피어오른 물안개는
엄니 가슴 속으로 스며들어 깊은 못이 되고

* 고흥군 동일면에 위치한 마을. 1948년 여순 10·19 당시 여수수산중학교 재학생 홍00는 여수에서 교전 중에 총살당해 시신도 못 찾음.

오~메, 니가 왜 여그 있냐

그의 발소리에 놀란 두루미 서너 마리
살얼음 낀 들판을 날아오르다 다시 내려앉았제라

도천리와 노송리* 도로에 굵은 뭉둥이처럼 늘어선 전신주
끊어진 전선들이 동강난 팔다리처럼 세찬 바람에 덜렁거리고 있었지라

아직 꿈틀거리고 있는 놈들 싸게싸게 싸불고 가장께! 여그만 하면 다 한당께요!

두려움이 얼어붙은 눈과 확인을 서두르는 눈, 딱 부닥친 절체절명 순간의 작은 움찔거림

오~메 염병허네! 쩌 어린 걸 우찌해야 쓸까……, 나는 널 몬 봤당께 시신 덮고 피 볼르고 땅바닥에 바짝 엎드려 있어불어 저녁까정 움찔허지 말고 알았제 이잉

세 발의 헛총성을 날리고 그가 떠났지라

성들과 난, 죽창이나 뭉둥이를 들고 밤이면 마을을 돌며 산사람들 내려오는 걸 지키라는 지서 명령에 따라 밤마다 야간 순찰을 했었지라 십여 개 전봇대에 통신선이 끊긴 아침 우린 빠르게 관할 지서에 신고했지라 근디 고거시 사달을 내었어라 가까운 지서가 타지역에 신고했다는 것을 꼬투리잡고는 통신선 니들이 잘랐제 험서 개새끼만치롱 끌고 갔지라 월머 급나게 고문 안 허요
이 차운 들녘에서 성들 죄다 총질을 당했지라

말도 마소
바람이 심하게 부는 밤이면 그날의 성들이 아즉도 내 잠자리까지 몰려왔다 몰려나가곤 한당께요

---

* 여순사건 진압 과정 중에 발생한 고흥군 과역면과 남양면을 잇는 전신주 절단 사건 배경지.

모진 바람이 델꼬갔재

가마니에 돌돌 몰아 싼 그 어매는
뒷산 골짜기 돌무더기 속에 숨겼제

전날 켜온 갯것들 담긴 함지 이고, 읍내 새벽장에 가서 팔고 자식 둘 아침 메기려고 허기진 산길을 바쁘게 걸어오던 그 어매를 다짜고짜 델꼬갔재 수덕산 자락을 훑고 두피골*로 몰려온 검은 관복 입은 모질디 모진 바람 서너 자락이 말이여

동네 사람들을 모아놓은 동각 살구나무 밑서
빨갱이 어따 슴겼어 빨갱이 어따 슴겼어 빨랑 대랑께
다구치며 절굿공이로 올벼쌀 빻듯이 그 어매를 치드랑께

물 물 소리 같기도 하고 자식 이름을 부른 것 같기도 하고
긴히 할 말이 있는 듯 보타진 입술만 겨우 달싹거리던 그 어매는
굴곡진 골목을 걸어나오듯 숨을 되게 내쉬더니 움찔 몸을 뒤틀었쩨

그 어매 등짝에서 절굿공이 매타작이 뚝 멎자
그 어매 앞에서 벌벌 떨고 서 있는 그 집 아이에게
그 어매 멍한 눈이 멈춰 있더랑께

그러곤 그 어매 흙바닥으로 고꾸라졌재
누구도 입을 띠지 못하고 숨소리마저 목으로 삼켰당께
눈동자들만 달무리진 보름달처럼 커졌재

가마니 관을 삐져나온 그 어매 발치엔
말라가는 풀잎들이 흐느끼듯 일렁이었고
휘둥그레 놀란, 살구나무 붉은 잎 댓 개
그 어매를 덮은 가마니 위로 으스스 떨어지드랑께

어스름이 시누대숲을 덮어오면
그 어매의 애들 부르는 '누구야 밥 묵으라'
소리가 아슴하게 귓가를 울려온당께 아즉까정도

* 고흥군 두곡마을 옛이름. 1948.10월 말경 좌익으로 지목된 박ㅇㅇ씨 대신 그 부인이 절굿공이로 구타당해 사망함.

이불 홑청이 꽃무늬로 바뀌던 날

  엄니는 내 얼굴은 안 보고
  외삼촌 눈을 보면서 부탁한다고 했다
  나는 찢어진 고무신 틈으로 삐져나온 엄지발가락만 보고 있었다

  열흘에 한 번씩 밤 내내 조청을 고아 새벽 행상을 떠나던
  엄니는, 그날은 밤부터 새벽까지 솜이불 무명홑청을
  꽃무늬 홑청으로 바꿔 갈았다
  조청병을 싸듯 광목 보자기에 꽃무늬 이불을 싸서
  이불을 이고 행상을 떠나듯 집을 나선 것이다

  영 소식이 없다 삼 년 전 팔영산 중턱 산막에서 나뭇잎 색깔의 옷을 입은 사람들에게 산사람들한테 부역질했재 험서 끌려간 아부지는 살았는지 죽었는지

  언제나 올까, 행상을 떠난 엄니는
  우렁이 속처럼 구불구불 휘도는 화전천 둑길을 헐렁한 무명바지 끝자락, 허벅지 위로 걷어올리고 천을 따라 걷다가 멈춰 서서 목을 길게 빼고 엄니가 오는가 보러 삐져나온 산모퉁이 길을 건너다본다 그림자도 없다 또 걸었다 질척거리

는 흙길을 비껴가며 길섶 풀들을 밟고 걷는데 몸짓 작은 풀빛 방아깨비 수컷 한 마리, 짙푸른 강아지풀잎을 먹고 있다가 놀라 달아났다

   발끝으로 어두운 숨소리를 가만가만 밟으며 솥 하나 걸려 있는 아궁이 앞 문고리를 잡아당겼다

   누런 푸대 종이가 덕지덕지 붙어진 방문 앞에서 눈빛으로 어둠을 밝히는,
   어둠을 더 어둡게 하여 내게 편안함을 주었던 솜이불도 없는, 내 숨소리가 울려 메아리가 되는 굴 속 같은 이 찬 바닥에서, 캄캄하게 엄니를 기대렸다

   문밖에서 외삼촌이 보낸 기척이 왔다
   더 기대리지 말거라
   살아만 있으면야 볼 날이 안 있건냐

곡(哭)

왜일까요
그날 이후로 섶바몰* 사람들은 하늘 쳐다보기도 무서워
오래전 같이 끌려갔던 바람도 실어증을 안고 살았습니다
그러니까…… 그날
개 한 마리와 소년 한 명 앞세운 무리들이
동네 입구에 지킴이로 한 이백여 년쯤 서 있는 사장나무인
내 앞으로 들이닥친 때는 한가위 이틀 뒤로
달이 서쪽으로 기울기 시작할 쯤이었습니다
소년의 손가락이 한 사람씩 가리킬 때마다
눈동자엔 두려움이 벌겋게 뒤엉키고
쇳살 긁은 소리가 붉은 비린내 늪을 만들고
불총을 맞은 서까래가 타며 내던 불통 튀는 소리들이
들들들 끓던
보름달이 누린내 연기로 뒤덮혀버린 밤이었습니다
굶주린 작은 아이에게 밥 한술 챙겨주고
흘린 피 닦아준 게 죄가 되었던 날이었습니다
그날, 총성을 피해

한 아이가 겹겹이 쌓인 불안을 안고 달려와
내 발등에 푹석 주저앉았어요
내 발등에 그 맑은 얼굴을 대고 술래놀이 하던
동네아이들 중 한 애였습니다
두려움이 흥건히 고인 작은 손으로 귀를 막고,
내 발등이 떨리도록 어깨를 들썩이는 걸 나는 봤습니다
왜일까요
작은 돌멩이처럼 거리에 남겨진 어린 일곱 살의 내일도
사람들과 같이 빈터에 끌려왔던 상처를 간직한 바람도
건너편 금전산도 상복을 입고 곡기를 끊은 채
오래오래 울었습니다

그래도, 그날 빗나간 총구에 구멍이 난 내 아랫도리엔
해마다 새순이 움을 틔운답니다

* 순천시 낙안면 신전마을의 옛이름. 이 마을은 빨치산이 데려온 부상당한 소년을 도왔다는 이유로 1949년 8월 17일(음력), 진압군에 의해 주민 22명이 총살되고 마을이 불태워진 비극을 겪게 됨.

그 연안에는 그림자 없는 치어들이

  소용돌이치는 파도가 상어 떼처럼 밀려들었제
  그해 가을, 태풍과 함께 제주에서부터 이곳 가막만으로

  먼바다 바라보던 연안에 사는 망둥어들은 마루 넓은 파도가 멀리서 밀려드는 너울에 놀라 억- 억- 하며 망원경처럼 눈이 커졌제

  파장은 짧고 파고는 높아져 앞쪽이 낭떠러지처럼 급한 파도들이 신월동* 방파제를 연타로 파~ 파 ~ 때렸제 구봉산 자락에 있던, 14연대 막사와 연안 마을을 폭우와 회오리 바람까지 몰려와 휩쓸어버렸어 부서지고 깨진 널판과 철제 조각들이 나뭇잎처럼 먹구름 속을 날아다녔고 번개까지 번쩍번쩍했었제 하늘 구멍으로 시상을 그물에 싸서 끌고 가는 듯 했제

  제주에서 불어온 가을 태풍이 쓸고 간 자리에
  놀란 물결들이 몰려와 뻘 한입씩 머금고 캄캄하게 빠져나갔제

막사가 뱉어버린 군인들은 지리산 조계산 팔영산, 몇은 먼바다로 떠났다는 허공을 떠돌던 말들마저 무섬증이 혀를 묶어버렸제 행방은 안개 낀 계곡 같이 묘연했제

    후두둑후두둑, 갈 태풍이 내던진 나뭇잎들
    허공을 걷는 멍멍한 눈빛들

    연안의 망둥어들도 새끼 데리고 깊은 물로 사라졌제

---

* 1948년 여순 10·19 발원지인 14연대가 주둔하고 있던 곳.

기억의 우물

내 기억의 우물에 침수되어 있는 아부지

왜 하필, 순사복 입은 사람들은
내게 울아부지 이름을 물었을까
(너 참 착한 아이구나) 칭찬 받고 싶었어요
나는 자랑스럽게 그들을 우리 집으로 데려갔어요
아홉 살인 나는 아부지를 크게 불렀고
그들은 아부지를 경찰서로 끌고 갔지요

그날 경찰서에는
어떻게라도 살아보려고 담장 옆 벚나무를 타고
넘던 두 송장이 빨래처럼 걸쳐져 있고
누가 그렇게 짓이겨 놓았을까요 피범벅이 된 아부지는
헌 가마니에 둘둘 말아놓은 수십 구의 시신들과 함께
앞마당에 널브러져 있었어요

동네 아이들과 제기차기를 하지 않았더라면
아예 엄니 심부름이나 가서 그 자리에 없었더라면
아부지를 잡으러 온줄 알고
그들이 물어볼 때 모른다고 했더라면

(그래 너는 참 착한 아이구나)
그 말이 독이었음을 알았더라면

후회가 폭우에 관이 뚫려
역류하는 하수처럼 콸콸 솟구치는 날이면

왜 왜 왜 왜 왜 왜

둥글고 긴 관 속, 한 아이의 울부짖음이
웅웅, 귀를 울리고 어지럼증이 도지면
한 사나흘쯤 침잠하곤 하지요

내 기억 속 붉은 우물 속으로

된숨이 길러낸 시계꽃

바위벽을 오르는 힘겨운 여정
가는 줄기에 된숨자국마다 잎자루 세우고
잎겨드랑이마다 덩굴손과 꽃대를 달고
온 지체들 끌고 오른다

운월산 패인 골짜기들이 내는
산울음이 흐르는 광천교*
둑밑에 버려진 가장 둘을 산속에 묻고
불안이 집안 구석구석에 머리를 들이미는
컴컴한 내일을 검은 그물로 싸매고 있는 그믐밤
툇마루에 앉아 눈빛으로 어둠을 밝히며
개구리 떼처럼 울고 있던 어린 지체들 품에 안겨
살길을 찾았다던 울 할매처럼

 삼베 짜서 장을 돌며 팔아 산 식량을 무명 통치마 속에 두르고
 버선 밑창에 지전 두어 개 깔고 눈깔사탕 몇 개도 버선에 담아온 할매는

우리를 끌고 가는 줄기이고 굳건한 뿌리였으니

열 개 잎 무늬 쟁반같은 받침에 자주빛 흰색 갈색 줄무늬 화관에
기둥 세운 수술, 그 위에 암술도 함께 앉힌 시계꽃처럼

그녀가 고된 숨을 내쉴 때마다
겨드랑이에서 보이지 않게 자라던
어느 날 환한 꽃을 피울
어린 것들이 인생 시계를 돌리고 있었다

* 순천시 주암면 광천리 소재. 1949년 3월경 반군에 협력했다는 혐의로 주암지서 순경들이 지역민 수십 명을 총살했던 곳임.

볼바시옹*

빛을 커튼으로 가두고
소리를 이불로 뒤집어씌우면
가시 바짝 세우고 움츠린 고슴도치가 된다

빛과 소리를 헝겊으로 숨길 수 있다는 생각, 착각이었다 어둠은 오히려 청각을 뾰족하게 일깨운다 서두르는 발소리, 간간이 된숨이 몰아 나오는 한숨 소리, 카페인을 부르는 뜨거운 소리, 소리들을 잠글수록 기억의 스위치는 볼륨이 높아진다

두려움에는 안쪽이 없다
바깥에 대한 몰입이 부르는 불안 덩굴은
어둠을 밟고 앞으로 아무리 내딛어도
끼니를 벗어나지 못한 가난가시다

(상 차려 놨다 배는 굶기지 말거라 다녀오마)

내 가시에 아무리 찔려도 그녀는

메아리 없는 소리만 흩어진 신발 안에 쏟고
빌딩 화장실로 출근을 한다

그림자가 바짝 웅크린 채 따라나선다

* *고슴도치가 조금만 위협이 닥쳐도 몸을 둥글게 움츠리며 가시를 세우는 현상.

스테인드글라스

창틀 바닥은 박살난 날개들의 임시 안치실

유리창에 부딪쳐 몸이 찢겨진 날개 시신들 어지럽다

입안에서 빨던 사탕을 땅에 떨어뜨린 순간, 줄 서서 몰려든 개미 떼 연대의 행진처럼 간밤에 허공 날개들, 빛을 향해 무더기로 날아들다 막아선 유리장막에 부딪쳐 깨진 잔해들, 창틀 바닥에 임시로 안치됐다 유리를 통과한 빛은 차가운 몸을 녹여주는 따뜻한 불빛이 아닌 투명한 절망

아이에게 양모의 품은 화려하게 장식된 차가운 스테인드글라스로 쳐놓은 위리안치실, 그 안에 갇힌 이백칠십일일*의 어린 몸에 새겨진 폭력들 퍼렇다 양모의 손찌검으로 온몸에 얼룩진 붉고 푸른 멍자국들, 가혹하게 짓밟히고 눌려 파열된 장기들에서 흘러나온 피로 채워진 뱃속, 울음마저 절단해버린 통증

결국 하늘로 입양된 아이, 짱구이마 반달눈웃음 가졌던

아이
  별 모양 달 모양 오려 붙인 유리창 너머로 떠나가고

  땡볕이 검은 밤까지 태우고 숨을 헐떡이던 여름은 가고
  차가워진 바람배를 타고 날개들은 허공으로 실려간다

* 정인이 사건에서 정인이 입양해서 사망진단을 받은 날까지 기간.

영결식장

그곳엔 하얗게 질린 국화만
엄마를 애타게 부르고 있지 뭡니까

그날 새벽 내성천엔 안개가 자욱하고
거센 물살에 수풀들은 휩쓸려 쓰러졌고
곳곳엔 물웅덩이가 분화구처럼 패이고
장갑차도 물살에 밀려 뒷걸음질치며 떠났지요

그날 우리는
깊은 명령의 수심을 따르며
불안의 깊이를 삽자루로 헤아려가며
물살을 거슬려 들어가고 있었지요
깊이 더 깊이 들어가면 갈수록
물로 가득 채워진 긴, 장단지를 덮는 장화는
눌림돌이 되어 우리를 물속 바닥으로 잡아끌었어요

실종자 수색 작전 중 실종자가 되기 직전
둘은 다시 튕겨 올라왔지만요

내 손을 잡았던 수근*인 지구 밖 실종자가 되었어요

침몰한 한 영혼처럼 장화 한 짝, 정찰모 하나가
물 위에서 자맥질을 두어 번 하더니
밀려오는 흙탕물에 휩쓸려가고 있었지요

상병의 영결식이 있던 날
입대한 날 찍었던 해맑게 웃고 있는
영정 사진을 에워싼 국화꽃이
엄마의 울부짖음을 머금고
절절하게 흐느끼고 있지 뭡니까

* 2023년 7월 19일 폭우 사태의 피해 지역인 경상북도 예천군 내성천 보문교 일대에서 실종자 수색 작전 중 급류에 휩쓸려 사망한 해병대 제1사단 포병여단 제7포병대대 소속 채수근 상병.

금을 그은 시간

귀법사(歸法寺)* 울타리처럼 둘러선 승방
세대를 잇는 다리, 고려의 공자가 세운
아홉 재의 홍안의 학사들 꿈 틔우는 소리로
산사의 여름은 짙푸르다

맑은 날에 절마당에 멍석을 깔고
초에 시간의 금을 긋고 불을 켜면
선후배의 학사들은 붓 끝으로
속 깊이 흐르는 소리들을 퍼올린다

불을 먹은, 흔들리는 시간이 녹는 동안

이끼 낀 바위틈에 흐르는 물소리
거란 말발굽이 일으키는 압록강 모래 바람의 서걱대는 소리
먹이 쪼는 닭을 잽싸게 낚아채 가는 소리개의 날갯소리
비 그치고 빗줄기처럼 쏟아져 내리는 햇살, 나뭇가지 뚫은 소리

숨 끝을 울린 간절한 소리까지 손끝으로 듣고서 종이판에 새기면

시간을 먹은 검은 심지가 몸 밖에 그은 선에 이른다

천년수 우듬지 끝, 새순
같은 시 한 편 뽑아 벽에 붙이고
한 자리에 모여 술잔들이 돌면
너와 나, 세대와 세대를 잇는 다리가 세워진다

산그늘이 절 마당에 이불을 깔면
나무숲을 걷는 바람 발자국 소리 커지고
넓고 큰 둥근 두레상 중앙에 북극성이 빛을 발하면
별들의 만찬이 펼쳐지고
어둠 깊은 산사는 골짜기 물소리만 창창하게 깊어간다

---

* 963년 고려 광종 때 송악산 아래 세워진 큰 사찰, 해동공자라 일컬은 최충이 세운 9재학당은 매년 하과(夏課)를 열었다.

달랑게 어미

쓰레받기를 털으니
어린 게가 죽어 있다
어미는 어디 가고 없다

섬마을 유월에는 도로나 언덕빼기 숲속 곳곳
집 안 모서리 그늘진 곳에 세워둔 대걸레 속
건물 벽, 집 안 쓰레받기 안에도 우글대는 방심들
 뾰족한 욕망이 고개 들면, 그만큼의 깊이로 어두워지는 뒤쪽
 게들의 모성이 모래알처럼 흩어져
 발길 닿는 곳마다 어미 품에서 버려진 사체들 즐비하다

게임에 빠져 젖먹이를 굶겨 죽였다는 뉴스를 본적 있다
젖몸살보다 붉게 장악한 여자의 중독은
불빛에 몸을 던지는 불나방처럼
젊은 밤낮을 모두 탕진하며 모니터 속으로 들어갔으니
젖 달라 우는 갓난아이의, 뒤로 밀쳐진 울음쯤
사이버 머니로 교환될 아이템보다 하찮았을까
등 돌린 듯 닫힌 문 안쪽에서 그녀의 눈이 빛나고
도로 위 주검으로 발견된 새끼 게들처럼,

아이 하나, 외면 너머에서 빈사의 무게로 말라갔다

뉴스 속,
수갑을 찬 달랑게 어미 기자들 질문에 둘러싸여 있다

풍어의 덫

그리고 달포가 지났다
제주 비양도 북서쪽 해상에서
대형 어선이 침몰한 지

운이 돌처럼 굴러든 날이었다
깊은 밤, 울렁거리는 물머리
선상에 선 우리는 들떠 있었다

평소보다 세 배 이상 몰려들었던 그날의 고등어 떼를
달아나지 못하게 두릿그물 죔줄을 꽈-악 죄어가며
그물을 들어올리는 순간
하늘이 쏟아지는가 싶더니, 배가 뒤집혔다

짙푸른 광장에 구름 떼처럼 몰려들었던

검은 물속으로 탈출한 물고기들
그들도 뭉쳐야 무기가 된다는 걸 알았던 것일까

풍어 같은 운이 불쑥 들어서거든
무거운 누름돌로 들뜸을 누르며

삶에서 죽음으로, 선 넘지 않도록
중심을 잡아볼 일이다

해군 청해진함의 원격조종수중로봇(ROV)이 수중 수색하던 중 침몰 선체 주변에서 시신 한 구를 추가로 발견했다는,

저녁 뉴스가 그날

있었다

제4부　길은 남쪽 바다로

통곡
―관음포 선상에서 아버지를 배웅하다

지금 싸움이 한창 급하다
내가 죽었단 말을 내지 말라

식어 가는 당신을 누각에 눕혀 드리고
둥근 목울대를 북채로 감쌉니다
명치끝에서 짐승처럼 범람하는 내 속울음 힘껏 삼킵니다
곡을 대신하여 북소리가
해협을 돌아 허공을 자르고 구름을 찢고 하늘을 부숩니다

어두운 물길을 헤치며 당신은 판옥선 협선을 이끌고
병사들 입에 하무를 물리고 당신 가슴 속 최후의 방향
노량 앞바다, 물들의 늑골 위로 노를 저어
놈들의 물목을 막아섰습니다

불화살과 포탄의 함성이
적선 위에서 불길로 타올랐습니다
수군의 성난 돌격선이 노량 수면을 면도날처럼 갈랐습니다

단 한 발짝도 물러서지 마라! 한 놈도 살려 보내지 마라!

화약 냄새 얼룩진 포성이 당신 대신 천둥처럼 외쳤습니다
적선 사백오십 여척은 목관처럼 수장됐고 겨우 오십 여 척만
변명을 챙겨 다급히 도망쳤습니다

전쟁은

끝났습니다

그 순간, 다급함 뒤로 물렸던 선상의 주검 앞에
관음포는 조선과 명의 군사들 통곡 소리에 잠겼고
당신의 오랜 전우였던 거센 물살도 슬픔 가누지 못해
뱃머리에 온몸 던지며 울부짖었습니다

아버지이~ 아버지이~

이제야

잠갔던 가슴 속 빗장이 풀려 내 목울대가 확 터집니다

상복을 입고 당도한 흰 메아리도
푸른 장신구를 지우고 머리 풀은 파도도
누런 삼베옷을 입은 동짓달 열아흐레** 달빛도
당신이 떠난 선상을 향해 오래, 합장했습니다

* 이분, 「이충무공 행록」에서 인용(戰方急 愼勿言我死).
** 무술년 11월 19일(음력), 충무공 이순신이 노량해전에서 전사한 날.

길은 남쪽 바다로
—무술년 동짓달 방 씨* 일기

헐벗은 은행나무 가지들을 뒤흔드는
고추바람이 세차게 허공을 물어뜯습니다

면이 그렇게 가고
낮도 밤도 없이 남쪽 하늘 안부만 기다리는 버릇이 생겼습니다
까마귀 울음소리의 높낮이도 기러기 나는 길도 제겐
모두 남쪽 바다를 향해 있습니다

며칠 전 꿈에 해가 바다로 뚝 떨어지더니 붉은 너울 파도가 휘몰아쳐 남쪽 바다가 뒤집히고 그 속에 두정갑옷 하나 떴다 가라앉았다 자맥질하며 있었습니다 면야~ 면야~, 목이 쉬도록 부르다 놀라 눈을 떴습니다 창호지 사이로 창백한 달빛이 화살처럼 꽂혀 쪽잠을 앗아가니 불길함이 돌무더기처럼 쌓여만 갑니다

이생 길에서 백년가약으로 맺은 인연
아무리 발돋움하고 손짓해도 그 곁에 가닿을 수 없으니

번잡스런 마음에 온 삭신이 녹아듭니다

동짓달 찬바람 타고
당신 곁을 지키던 김이의 무거운 발소리가
뚝
멈추고
사립문 열리는 소리
들립니다

* 방 씨 : 무관인 방진의 딸로 이순신의 아내.

봄볕

연둣빛 졸음도 어딘가를 향해 합장하고
고개 숙이던 날, 하늘길과 바닷길을 열고
봄비 한 올 탯줄처럼 의지해 그가 이 땅에 왔습니다

가난보다 푸르고 여린 떡잎 발자국 깨어나던 날
잔뿌리 겨우 내려 머리 내민 새순들
굵은 빗방울에 흙 패이고 목 꺾일까 봐
구름발 딛고 조용조용 봄비로 왔습니다

바닷길 찢던 세찬 바람 허공을 찢은 폭우
고달픈 발목들 휩쓸고 갈까 봐
봄 들에 피어오른 아지랑이처럼 그가 왔습니다

수척해진 초가집 처마 끝에
제비가 검불로 둥지를 틀기 시작한 그해 음력 삼월 팔일*
춥고 긴 어둠과 겨울을 열고,
한 척의 나그네가 되려고 황량한 이 땅에
외마디 울음처럼, 마른 듯 젖은 봄볕으로

그가 왔습니다

* 충무공 이순신 탄신일.

함거 1
―정유년 이월 한산도[*]

뭍에도 강한 파도가 있다
해풍보다 거센 육지의 태풍을 몸으로 받으며
소가 끄는 함거를 타고, 그가 북쪽으로 향한다
한산도 거친 파도와 함께 흙먼지가 온몸을 휘몰아친다

포승에 묶인 그를 앞세우고 가는 의금부 도사들
흙먼지 길로 팔 휘저으며 달려나온 붉게 물든 눈빛들
쓰러지고 땅을 치는 흰옷들의 울부짖음, 들린다

즈분 우리 장군님 아잉교? 이 일을 우짜노!
　나쁜 왜놈 문딩이들 막아주고 우리들 잘 살그로 도와주신 그 장군님 아잉겨?
　그란데 즈 분이 와 달구새끼맹크로 꽁꽁 묶여가 끌려 가노?
　하늘도 무심하제, 보소! 나으리, 우리 장군님 풀어 주시소마!
　우린 이제 우찌 살꼬? 우찌 사노 말이다!

가슴 안쪽 벽을 수없이 두들겼을까
속이 검게 굳어진
백의의 돌부처가 수레에 실려 떠나고 있다

하늘이 그냥 접고 가라는 것인가
이월 갯바람이 함거를 뒤에서 밀었다
손금보다 더 선명한 바닷길 구석구석 살피던
그의 흔적들을 한산도의 물결이 지우고 있다

한양 길, 무덤 같은 고독한 길
의금부 도사의 손에 고삐 잡힌 소가
느린 걸음으로
눈 감고 가부좌를 튼 체념을 끌고 간다

* 정유년(1597) 2월 26일, 충무공 이순신이 한산도에서 의금부로 압송됨.

열선루* 장계

홀로 누대에 앉으니
삼경의 적막이 팔월 보름 달빛으로 쏟아진다
말라가는 나뭇잎 풀잎,
들려오는 밤벌레 소리에서 백성들의 신음이 걸어 나오고
칠천량 병사들의 붉은 울음이 허공을 떠돈다

어디든 아들이 머문 그곳이 내 집이다 하신 어머니가
  달 속에서 구부리고 앉아서 애달픈 눈길로 나를 내려다
보신다

  삼도수군절도사 겸직 교서를 받은 지 열사흘째인 오늘
  나라 끝 물길에선 수백 척의 적선이 시시각각 발뒤꿈치
를 따라오는데
  수전을 패하고 육전에 합류하라는 서릿발 같은 나라님
유지가
  시름을 더한다

  긴 숨 끝에 뼛속에 응집된 나의 결의를 적는데

아직 신에게는 12척의 배가 있습니다
전선이야 비록 적지만 신이 죽지 않았사오니 적이 감히 우리를 업신여기지 못할 것입니다

둥근달은 서산을 아직 넘지 못했는데 동녘에선 이미 붉은 기운이 일고 있다

---

* 전남 보성군에 있는 충무공 이순신이 '금신전선 상유십이(今臣戰船 尙有十二)' 장계를 작성한 곳.

회령포의 해후

새벽 물안개를 가르며 군영구미에서
나룻배로 여기 왔다

살아냈구나 포구 앞 탱자섬*에
닻을 내리고 엎드려 있는 열두 척, 나의 전우들

상처투성이로 죽음의 전장을 빠져나온 몸들
수장된 병사들의 원혼을 싣고
뒤집힌 칠천량 해협의 물이랑들 넘어서
좌현 우현 틀어가며 첩첩히 겹친 남해 섬들 헤치고
여기 회령포구에 와서 숨죽이며 움츠리고 있다

금이 간 늑골은 갈아 끼우고
부서진 노들은 다시 깎아 채우고
앞머리에서 뒤꽁무니까지
어루만지며 함께 하자고 다독인다

기어코 지켜내자

우리 땅 우리 백성 우리 바다
격하고 좁은 물목, 울돌목으로 가서

포구 앞 물결들이 시퍼런 다짐을
불끈불끈 쥐고 다시 일어섰다

* 장흥 회령포에 있는 섬. 칠천량 해전에서 도망친 경상수사 배설이 판옥선 십여척을 숨겨둔 곳.

강막지의 집[*]

어디로 떠나려는 걸까
해풍이 허공 저쯤에서 출항을 서두르는 날
모퉁이와 모퉁이 사이
흙집 소금 창고 한구석, 그가 들어선다

악몽처럼 날아든 통곡이란 먹구름 한 척, 그의 살과 뼈를 때리고 가슴을 찢었다 왜적이 일으킨 울돌목의 급물살이 아산 집까지 휘몰아쳐 아들 면이 물목의 소용돌이 속으로 휩쓸려갔다 면아 면아 간장이 끊기도록 부르다 소금 가마니 위에 엎드려 속울음 우는 그의 들썩거리는 어깨가 일으킨 바람에 나무 문짝이 맹수처럼 으르렁댔다 문틈으로 간간히 끊어졌다 이어지는 각혈로 뱉는 말

  돌려주리라 이 붉은 얼룩들 꼭 갚아 주리라

그가 한 뼘 더 앙상해진 어깨로 사립문을 나선다 눈물에 젖은 보름 달빛을 깔고 찬바람이 일으키는 물너울을 오래도록 바라본다 깊은 곳에서 회한이 머리 들어 너울너울 밀려

오고 지척에서 깜박이는 적선의 불빛, 눈으로 빨아들이며
허리춤에 찬 칼집을 굳게 잡는 밤

   시월 열엿새 달이 조등처럼 걸린
   밤바다의 울부짖음을 밟으며
   그가 진영으로 가고 있다

* 충무공 이순신이 아들 면의 죽음에 대한 슬픔이 복받쳤을 때 찾아가 울었다는 집.

일심

마음을 먹물에 씻습니다

우묵하게 파인 벼루에
채워진 검은 물로
밤마다 나를 씻고 씻습니다

붓을 들고 먹물을 수십 번 찍어서 초심을 먼저 어릅니다
一心 一心 一心 一心 一心 一心 一心 一心 一心 一心
一心으로 어르고 얼러서
붓끝을 길들이고 갈라진 나를 하나로 모읍니다

뜨는 해조차 깜깜해졌던, 어머니 부고를 듣던 날도
면이 영영 떠나갔다는 통곡의 서찰을 받던 밤도
내 속에 담긴 깊은 먹물을 울컥울컥 붓으로 퍼냈습니다

오늘 밤은
진한 먹물을 붓에 찍어
귀얄무늬 새기듯 구석구석 백성들 금이 간 속내를
장지에 새깁니다

벼루가 눈앞에 없는 날은

바람과 낙엽 끝에다
일심(一心)을 새기며
하루를 닫습니다

숙부님, 편히 잠드소서
−충무공 이순신 조카 완의 추모사

이제 오셨습니까

맷돌 같은 남녘 섬들의 물목마다 지켜내고
노량 바다 소용돌이 속에 혼은 두시고
동짓달 세찬 바람 대숲을 울리는 관음포에
묘당도 월송대 흙속에 얼은 묻고
붉은 명정에 덮어 몸 누우려 조상 품으로 오셨습니까

마량 지나 강진 석제원 영암 나주 남평 광주 장성 거쳐 태인 금구 삼례 여산 은진 노성 공주 천안 금곡 마을 마을 거치고 거쳐서 이곳 아산 금성산까지
목관에 누인 젖은 몸, 소달구지에 실리어 천리 길 흔들리며
고을 고을 달려 나와 조문하던 시린 눈물들 위로하느라 이리 늦으셨습니까

도둑고양이 고니시 화염 속에 도망가고
숙부님 소식 듣자마자 판옥선 위에서 세 번이나
넘어지며 구르며 하늘 향해 울부짖던 진린도
동료 등자량 상여 호선에 태우고 썰물처럼 떠났습니다

음력 이월 십일일, 숙부님을 반장(返葬)하는 이곳 금성산 얼음목
　늑골 같은 외딴 골짜기엔 바람과 나무와 풀들 시퍼렇게 울부짖습니다

　한평생 변방으로 떠돌던 가시밭길
　죽음의 전장을 돌아 돌아, 부서지고 동강난 난파선 되어
　캄캄한 선산에 정박하려 오셨습니까

　숙부님, 쉬소서 어여 쉬소서
　나랏님도 백성도 산천초목 모든 걱정
　물처럼 흘려 보내고

　끝인 듯 태초인 듯 무풍의 안식으로
　그렇게 깊이 깊이 편히 잠드소서
　그렇게 오래 오래 깊이 잠드소서

함거 2
−동재기나루, 음력 삼월 사일*

   연둣빛 달력이 버드나무 이파리에 푸른 유서를 써요
   누군가 밧줄에 묶여 압송 중인지, 먹구름들 빙 둘러 웅성거리고
   허공 저쪽이 희부연 흙먼지로 술렁여요

   삼남 지방에서 한성으로 들어오는 이곳 동재기나루
   바람이 갈대의 덜미를 쥐고 사납게 흔들어요
   명나라에서부터 쳐들어온 모래바람 입 안에서 자글거리고
   미세 먼지에 익사한 서울의 하늘은 침침한 벼랑

   깨지고 젖은 마음으로 눈을 감으니
   떨그렁− 떨그렁− 지친 우마차 소리 멈추고
   일렁이는 물결만 응시한 채 의금부로 끌려가는
   당신을 가둔 수레가 나루에서 절망 한 척 기다려요
   변질된 장계들이 웅성거리며 흩어지고
   당신 가슴은 돌처럼 굳은 소금벽이 되었어요

비운의 쇠사슬에 친친 묶인
당신을 맞이했던 동재기 나루도 그날의 늙은 사공도
함거를 끌던 마른 소와 초췌했던 당신도 이젠 지워지고 없는데
왜일까요 하늘 아랫목이 애통하게 젖어 와요

희부옇게 돌가루에 익사하는 서울 퇴근길
혼잡에 붙들린 수많은 차들이
당신이 지켜낸 발걸음들 실어 나르는 동작대교 남단

그날의 후유증으로 백발이 된 한수(漢水)가, 또다시
구릿빛 탄식을 강물 위에 풀어놓아요

* 충무공 이순신이 한산도에서 압송되어 의금부에 투옥된 날.

태토에 꽂힌 심

  흙과 불을 먹고 가마에서
  심이 자라고 있습니다

  물레는 흔들리며 흙에 파문을 새기며
  자전처럼 시대를 돌고 있습니다

  집안의 축인 아버지는 바늘을 꽂은 흙덩어리를
  물레 가운데 턱 올려놓고 돌렸습니다
  움직이는 물레 속에서 움직이지 않는 심을 찾으라 했습니다

  아버지가 할아버지에게서
  할아버지가 그 위의 할아버지에게서 또 그 위 그 위
  최초 할아버지 심당길이 물레에 태워 흙 속에 숨겨온 심은
  불만 빌렸다는 히바까리에 깊게 심어져서
  불가마에서 다져지고 이어져서 사백 삼십여 년이 지난

  지금도

심수관*은 쉬지 않고 회전하고 있습니다

* 1598년 정유재란 때 남원에서 일본으로 끌려간 도공 심당길과 그 후 손들이 일군 가문.

북소리

한겨울 격랑 치는 노량 앞 관음포에서
당신이 마지막 숨으로 치셨던 북소리가
그동안 밀물져 이 땅 바다로 돌아오고 있었습니다
어느 시대엔 격하게 어느 시기엔 적요롭게

옥포 합포 사천 한산도 거쳐
물살 좁은 명량해협도 힘겹게 건너서 노량에 왔으니
한꺼번에 소탕할 투망인 관음포구 안으로
적들을 몰아넣고 속전속결로 이 밤을 걷어내고
안개 뚫고 오는 새벽을 맞이하자고

북을 쳐라! 계속 쳐! 어서! 둥! 둥! 둥! 둥!

목숨들 단단히 걸머져라 절대 놓치지 마라
이 나라를 짓밟은 놈들 단 한 놈도 살려 보내지 마라

희미해져 가는 당신의 절절한 외침
사백삼십 년 넘게 한양 중심지까지
글썽글썽 물결쳐 왔습니다

어금니를 깨문 시퍼런 다짐이 물길을 뒤집었던
남해 관음포에서 마지막 채를 잡았던 당신은
아직 못 전한 말 아직 끝내지 못한 일이 남았기에
이제 이 나라의 서울 한복판에 쇠북이 되어 서 있습니다

별빛 달빛 형광채 수없이 흔들고 함성 지르는
우리 후손과 함께 이 시대 큰북이 되어
또 한 번 둥 둥 둥 울리고 있습니다

울돌목, 불개미 떼
-천행(天幸)이었다[*]

1.
우수영과 녹진 사이, 울며 돌아나가는 물살
적선 말미가 검은뱀 꼬리처럼 사라진다
수천 개 집요함이 관통한 시신들
저녁놀, 붉은 신음처럼 흐른다

2.
이른 아침, 벽파진 쪽
뾰족한 살기를 다진 적선들 세차게 달려들었다
과묵하고 엄중한 지자현자총통을 깨우고
정의와 분노를 덧댄 조선의 화살을 날려보내도
적선들이 내 숨통을 막듯 대장선을 에워쌌다
칠천량이란 천근 두려움에 묶여 창백하게 굳어버린 우리 수군
대장선과 한 마장 거리에서 떨고 선 열두 척의 판옥선

나는 필생을 다짐하듯 호각을 불고
영하기와 초요기를 내걸고

시든 어깨들을 향해 힘껏 소리쳤다
너희가 어디서 살 길을 찾을 거냐고

두려움에서 깨어난 아군 함선이 순간 파고들었다
밧줄을 타고 오르는 적군을 아군들이 두들기고 찍어 냈다
나는 뱃머리를 돌려 총통과 불화살로
조선을 침범한 불개미 떼를 향해 소나기를 퍼부었다
적장 머리를 배 위에 내걸어 적들에게 경고등을 켰다

바다를 뒤집던 산 유언들 하늘에 닿았는가
풍랑보다 큰 물의 함성이 위치를 돌리고
휘몰아친 물화살이 수면 위를 가르자
삼백여 척의 적선들 저승을 향해 마지막 자맥질을 했다

3.
나를 대신해 울부짖는 물살,
세상 모든 풀잎의 함성도
깊고 간절하게 모아지면 모두
조선 수군이 된다는 걸 알았다

적의 피를 과음한 명량해협
핏빛 고요를 조문하는 구름

귀대하는 함선의 등을 두드리곤
이내 허공 저쪽으로 떠나갔다

목 놓아 울기에 마땅한
천운의 하루였다

* 이순신, 『난중일기』, 정유년(1597) 9월 15일자.

해 설

남쪽 끝 섬 한 모퉁이에서 부르는 사랑과 역사의 노래

유성호(문학평론가, 한양대학교 국문과 교수)

1. 지나온 시간에 대한 경험적 재구성

서정시는 지나온 시간에 대한 경험적 재구성이라는 양식적 특성을 일관되게 띠고 있다. 신진순의 세 번째 시집 『찰나의 생이 여무는 숨소리』(천년의시작, 2025)는 시인 자신이 겪어온 시간에 자신의 사유를 투사(投射)하면서 그 시간을 함께 견뎌온 존재자들을 불러 모아 경험적 재구성을 수행한 서정시의 집성(集成)이다. 시인은 우리 모두를 끌어안는 넓은 품을 보여주면서 가장 구체적인 경험에 대한 기억으로 이러한 시간예술로서의 서정시를 써간다. 이는 실존적이고 과정적인 존재자들이 겪을 수밖에 없는 물리적 시간을 뛰어넘는 방법론이자, 그들로 하여금 전혀 다른 생성적 과정을 경험하게끔 해주는 새로운 미학적 방식이기도 하다. 최근 극히 옹색해진 시단의 스펙트럼에도 불구하고 신진순 시인이 전해주는 이러한 서정적 감동은 삶의 다양한 경험과 충동에 정서적 균형을 부여하는 데서 찾아진다. 그 점에서 그는 인간의 삶을 보다 높은 차원으로 끌어올리고자 하는 초월의 힘을 발휘하면서 따뜻한 감동을 통해 순수한 삶의 회복을 적극 도모해가는 시인인 셈이다. 그리고 그 섬광의 순간이 바로 그의 시가 자신만의 존재론적 현현을 수행하는 때일 것이다. 그의 이번 시집은 이러한 세계를 진중하고도 풍부한 존재론적 감각과 자기 개진의 시쓰기로 완성해갈 뿐만 아니라 다양한 음역(音域)을 통해 자신의 깊이와 넓이를 기념비적으로 개척해가고 있다. 이제 지나온 시간에 대한 경험적 재구성을 시도한 그의 서정적 시간예술 안으로 한 걸음씩 들어가 보도록 하자.

2. 시간성 속에서 뚜렷하게 각인해가는 사랑의 시학

신진순 시인은 속 깊은 마음을 통해 지극한 회감(回感)의 세계를 구축해 보여준다. 그럼으로써 서정시의 본원적 기율을 남김없이 충족해간다. 그는 따뜻한 시선으로 세상을 응시하고 거기에 자신을 던지는 낭만적 마음의 시인이자, 치유와 위안을 중시하는 고전적 마음의 시인이기도 하다. 그 힘들이 합쳐져 타자를 향한 언어를 생성하기도 하고 자신을 향한 순수하고도 원형적인 언어를 견인해내기도 한다. 이러한 복합성이 그의 시로 하여금 스스로를 이끌어가는 힘으로 나아가게 해주고, 우리로 하여금 현실을 벗어나 향원익청(香遠益淸)의 고전적 세계로 들어서게끔 해주고 있다. 그러한 세계를 구현하는 방법은 시간에 관한 내밀한 사유라고 할 수 있는데, 그만큼 그의 시는 시간에 대한 경험 형식으로 착상되는 특성을 지닌다. 이때 시간은 경험적 실체가 아니라 미학적으로 재구성된 새로운 형식을 함축한다. 우리가 기억이라고 명명하는 것도 지층에 남은 화석처럼 재구성된 하나의 시간이 아닐 것인가. 그 점에서 신진순은 삶의 여러 맥락에서 도출된 시간을 탐색하는 전형적인 서정 시인이 아닐 수 없다. 다음 작품을 먼저 읽어보자.

> 나로도 펜션 뜨락으로 한 무리 벌들 날아든다
> 발가락 가득 오후의 고요를 꽃가루처럼 묻히고서
> 꽃 위에 고인 햇살을 소리 없이 마신다
>
> 꽃들의 종아리 사이로 미지근한 바람이 달리고
> 가을볕의 무료함이 고여 드는 풀잎 위를
> 붉거나 노란 정원으로 착각한 벌들
> 햇살의 층계를 딛고 내려와 털신 신은 발을
> 푸른 잎 위에 사뿐히 올려놓자
> 공전하던 지구가 놀라, 순간 숨을 죽인다
>
> 펜션 안쪽에서는 커피 끓는 소리가 풀벌레 소리처럼 깊어 가고

바람도 구름도 우주 밖으로 한발 쉬러 나가는 시간
태풍이 지나고 채식주의자처럼 순해진 화단에서
바늘꽃이 남실바람과 손을 잡고 흔들며 놀고 있다

억척스럽던 폭염도 시들어버린 오후
남쪽 끝 섬 한 모퉁이에서 일손 놓고 앉아
바늘꽃, 자잘한 생에 깃든 은밀함을 만져 본다
— 「가을, 펜션의 뜨락」 전문

  시인이 살고 있는 나로도 펜션 뜨락의 고즈넉한 풍경을 담은 이 아름다운 시편은 그 자체로 시인 스스로의 존재론으로 읽어도 좋을 만하다. 벌들이 날아드는 오후, 따스한 햇살 아래로 바람이 분다. 고요한 가을볕의 무료함이 고여든 순간, 시인의 시선이 담아내는 펜션 안쪽의 커피 끓는 소리와 "바람도 구름도 우주 밖으로 한발 쉬러 나가는 시간"이야말로, 단정한 화단에 피어난 꽃들처럼 산뜻하고 넉넉하기만 하다. 억척스런 폭염을 떠나보낸 가을볕의 청신함이 실감으로 다가오면서 "남쪽 끝 섬 한 모퉁이"에서 만나는 은밀함이 '시인 신진순'의 보금자리를 손색이 없게 해 준다. 이때 시인은 따뜻한 시선으로 세상을 응시하고 안아 들이는 고요한 마음을 우리에게 들려준다. "바람이 일으킨 방향 따라 지어진 물결 무늬"(「갯바람 청소기」)가 있어서 "목숨 간수하는 모든 존재의 힘듦을/ 함께 나눌 수 있기를"(「시인의 말」) 바라는 시인의 은밀한 마음이 그대로 전해지지 않는가.

팔월 콩무니는 여치 소리에 잘리고
테라스 난간에선 축축했던 어제가
비끼는 햇볕에 구월 언저리마저 말리는데
대문 밖까지 바람에 실려 온 비린 바다가
내 옷자락을 끌어당겨요

길가 풀숲엔 메뚜기 방아깨비 사마귀가 발소리에 놀라서 뛰고
환삼덩굴 가시에 갇혀 목만 내민 왕씀바귀꽃이
푸른 밧줄 좀 걷어달라고 목청 갈라지게 외쳐요
거미줄에 감금된 폐가는 담쟁이가 수문장인데
짝 찾아 날개를 비비대는 수컷 여치들 발기된 울음에
누가 심었는지
고샅길 옥수수는 뒤늦게 쫀득한 속도를 내어요

이마 가득 주름 잡힌 저 맨드라미처럼
눈부신 고요 한 필 비단 올처럼 펼쳐진
섭정 앞바다 오후 끝자락
찰나의 생이 여무는
적막의 숨소리가 깊어요

담장을 걷는 넝쿨 위의 박 뜸 드는 소리, 아득하고
—「구월, 심포니」 전문

이번 시집의 제목을 품은 이 시편 역시 초가을의 서정을 남김없이 전해주는 명편이다. 그것을 시인은 '구월, 심포니'로 비유한다. 비끼는 햇볕에 축축했던 어제가 말라가는 9월, 대문 밖까지 바다가 실려 와서 옷자락을 끌어당긴다. 풀숲에도 가을의 식솔들이 뛰고 외치고 속도를 낸다. 시인은 "눈부신 고요 한 필 비단 올처럼 펼쳐진/ 섭정 앞바다"에서 "찰나의 생이 여무는/ 적막의 숨소리"에 귀를 기울인다. 오후 끝자락에 다가온 그 숨소리야말로 아득하고 간절한 자연의 심포니요, 여름이 다 지나고 찾아온 가을날 평화를 수납하는 시인의 마음을 고요하게 반영한 결과일 것이다. 그렇게 시인의 시선과 필치는 "가만가만 손끝에 깃든 간절함으로"(『얼음 열쇠』) 자연 사물에 다가가서 "찰나 속에서 덩굴처럼 얽히고 흔들리는 시간 속살들"(『하얀 질문』)을 채집하고 있다. "숨길 이어준 손길"(『풀숲 이슬』)처럼 "천년수 우듬지 끝, 새순"(『금을 그은 시간』)까지 보여준 광대한 시공간이 거기 펼쳐져 있다. 이 모든 것이 가장 신성한 시공간에 대한 사랑의 마음이 그 저류(底流)에 흐르고 있는 실례들일 것이다.

이처럼 신진순 시인은 지나온 시간에 대한 따뜻한 회감과 함께, 자신만의 자연 사물에 대한 사랑의 목소리를 가득 건네준다. 여기서 시인은 근원적 존재를 갈구하는 형이상학적 힘을 포괄하면서 세속적 인간관계에서 요청되는 소통 의지를 동시에 보여준다. 이는 고립된 개체로 살 수 없는 인간의 실존을 강조하는 것이기도 하지만, 자연과의 근원적

관계 회복을 통해 자신을 실현해가려는 욕망을 대행하는 것이기도 하다. 물론 우리는 자연과의 항구적인 공존과 친화가 충족 불가능한 욕망임을 잘 알고 있다. 그럼에도 불구하고 신진순의 시는 개인적 체험을 반영하면서도 그것을 인간 보편의 상황으로 확장해가면서 이러한 불가능성을 안으로 품어 안는 시선을 보여준다. 폐허 같은 세상을 견디면서 초월의 방법을 탐색하는 데 오랜 시간과 공력을 바쳐온 것이다. 따라서 그의 시에 나오는 사물이나 관념은 일회성보다는 반복 가능한 보편성을 더 강하게 띠면서 시인으로 하여금 강력한 테마로부터의 연역보다는 구체적 순간의 귀납을 더 창출하게끔 해준다. 그때그때 떠오른 몸의 기억에 충실하면서 존재론적 감각을 만들어가는 원형적 사유가 오롯하게 빛을 뿌리고 있지 않은가.

3. 존재론적 기원으로 호명하는 '고흥(高興)'

신진순 시인은 오랜 시간에서 솟아오르는 내면 풍경을 통해 시적 열정을 남김없이 바치고 있다. 그것은 기억을 선명하게 재현하는 과정으로 나타나지만 궁극적으로는 자신의 기억을 현재형으로 배열해가는 쪽으로 활발하게 진화해간다. 여기서 신진순 시인은 자신이 나고 자란 '고향'에 대한 기억을 한결같이 구상화하고 거기에 미학적 의장(意匠)을 부여해간다. 그의 시는 이렇게 자신의 존재론적 기원(origin)

을 펼쳐가는 언어적 현장으로 존재한다. 그에게 기억이란 그때–그곳을 구성해내는 힘으로 살아나면서 시간의 흐름을 실존 형식으로 받아들이게 해주는 유한자(有限者)로서의 존재 방식이 된다. 그는 세계내적 존재로서 가지는 고유한 긴장을 견지하면서 근원적 시간의 회복 가능성을 탐사해가는 것이다. 그를 끊임없이 돌아가게 하는 고향의 힘이 바로 그러한 순간을 가능케 해준다. 시인의 고향은 '고흥(高興)'인데 이번 시집에서 그는 그곳을 줄곧 소환하여 자신의 뿌리 찾기를 시도해간다. 가령 태어나고 자란 고향을 자신의 발원지로 호명하고 궁극적인 거소(居所)로 규정하고 있는 것이다. 그곳에서의 시간을 항구적으로 남기려는 듯이 시인의 손길은 한결같이 옛 기억을 향해 거슬러 간다. 그렇게 시인은 서정시의 고전적 직능이 기억을 통해 이루어진다는 것을 증언하면서, 오랫동안 묻어온 기억을 탈환하는 상상력을 보여준다. 말하자면 중요한 삶의 순간을 찾아내는 기억 작용을 활용하면서 기원으로서의 '고흥'이 삶의 중심에 있음을 에둘러 강조하는 것이다.

> 안료 접시들을 방바닥에 늘어놓고
> 판소리나 가요를 틀고 화선지를 바닥에 펼치고
> 엎드리거나 한쪽 무릎을 세우고 앉아 붓을 들면
> 가슴 속에 뭉쳐 있던 응어리는 종이 속으로 숨어들고
> 머릿속에 가득 차오른 꽃 나비 뱀 화관을 쓴 여인들이
> 화려한 슬픔의 옷을 입고 또 다른 나로 태어난다

그땐 내 탯줄의 뿌리, 고흥이
고음으로 흥을 돋우며 읊조려진다
짜야 짜야 부르며 옛 얘기 꼬숩게 들려주던 외조부
긴 담뱃대 물고 귀염머리 땋아 주던 외조모
소나무 숲속에 꽃들이 아기자기 피던 봉황산 자락
나락 벤 터에 덕석 깔고 차일 막을 친 무대의 곡마단 아가씨들
우중충한 날이면 들꽃 따 머리에 얹고
히죽거리며 읍내를 돌아다니던 서럽고 고운 언니들
보통학교 운동장에 노란 원피스를 입고 머리에 하얀
모자를 쓰고 서 있던 예쁜 길례 언니
그들이 뜨끈하고 환한 색으로
내 안쪽 문을 열고 들어선다

누구를 그리고 무슨 색을 칠하든
그 속엔 그 계절의 내가 들어 서 있다
아린 현실이 꿈틀거리면 똬리 틀고 앉아 있는 뱀으로
때로는 꽃이나 나비의 화관을 쓴 어느 왕조의 황후나 공주로
어쩔 수 없는 공허함은 여인의 검은 눈동자 중앙에
또 하나의 흰 구멍으로 남긴다

환하게 드러내고 싶은 것은

입히고 입히고 덧입혀서 겹겹이 켜를 이뤄 드러내고
지우고 싶은 것은 흙으로 덮어 버리듯
씌우고 씌우고 덧씌워서 색으로 묻어 버린다

내 그림은 내 비애가 풀어낸 환상
내 천川을 함께 건너는 길동무다

담배 연기 한 모금 허공으로 뿌옇게 날리니
비바람 넘나드는 봉황산 검버섯 가득 핀 바위틈에 핀
자잘한 산국의 금빛 향내가 메아리로 다가와 코끝을 울린다
　　　　　　　—「고(孤), 내 슬픈 전설의 페이지」 전문

고흥 출신 천경자(1924~2015) 화백을 주인공으로 하여 쓰인 이 시편은 '고(孤)'를 제목으로 삼아 그녀의 "슬픈 전설의 페이지"를 그려내고 있다. 그녀는 환상적인 세계관을 결합시킨 짙은 색채의 그림으로 전통 한국화를 벗어나 새로운 영역을 개척한 화가이자, 수많은 수필집을 남겨 크나큰 대중적 영향력과 인지도를 얻은 작가이기도 하였다. 이 시편은 그녀를 목소리의 주인공으로 삼아 그 외로움[孤]의 극점을 암시하고 있다. 천경자를 환기하는 소품(안료 접시, 화선지, 붓)과 그녀의 그림을 관통해온 "꽃 나비 뱀 화관을 쓴 여인들"이 가슴 속 뭉쳐 있던 응어리를 종이 속으로 숨게 하고 "화려한 슬픔의 옷"을 입은 "또 다른 나"로 태어나게 했

다고 그녀는 고백한다. "내 탯줄의 뿌리, 고흥"이 자신의 몸과 마음에서 "고음으로 흥을 돋우며 읊조려진" 순간을 또한 토로한다. "소나무 숲속에 꽃들이 아기자기 피던 봉황산 자락"의 기억이 퍼져가고 "차일 막을 친 무대의 곡마단 아가씨들"도 "읍내를 돌아다니던 서럽고 고운 언니들"도 "뜨끈하고 환한 색으로/ 내 안쪽 문을 열고" 들어서고 있다. 결국 그녀는 드러내고 싶은 것은 드러내고 지우고 싶은 것은 지워 "내 그림은 내 비애가 풀어낸 환상/ 내 천川을 함께 건너는 길동무"라는 자각에 이른다. "비바람 넘나드는 봉황산 검버섯 가득 핀 바위틈에 핀/ 자잘한 산국의 금빛 향내"야말로 천경자의 예술세계에 대한 적정한 기원의 은유가 아니겠는가. 그렇게 고흥 출신 천경자의 예술과 고독은 "골 깊이 숨은 기억의 꽁무니"(『문득과 작은』)를 따라 이렇게 절절한 고백으로 흘러나온다. "그리움이 진해지면 달빛도 유자처럼 익어가"(『유자나무 유언』)는 고흥은 그 점에서 "아홉 살 천옥자 눈에 블루색이 출렁대는 꿈의 바다로 각인되었던 곳"(『우주로 이주하다』)이었던 셈이다.

    순간, 귀청 찢어지게 울리며
    꽁무니에 불꽃을 단 누리호가
    나로도 봉래산 머리 위로 휙 올라간다
    물이랑 일으키며 지나는 뱃길처럼
    누리호가 굉음 지르고 기단을 바꿔가며
    우주 바다로 항해를 떠난다

오늘은 우주를 개척할, 무수한 꿈들이 합체된 로켓으로 진화한
　누리호가 바다보다 더 푸르고 깊은 우주로 첫 출항을 떠나고 있다

　오래전
　물이랑 잠재우며 한 겹 한 겹 개척했던 뱃길처럼
　간절함이 하늘에 닿았음인지
　오늘 여기, 나로도 상공에
　누리호가 범선처럼 또 하나의 길을 내고 있다
　참 많은 진화를 넘고 넘어 벼락 치듯 우주길에 오르고 있다

　우주 항해를 떠나는 누리호를
　길이길이 이어갈 우주를
　두 팔로 들어 올린다

　움찔하던 괭이갈매기들
　세월을 날개에 싣고
　나로도 바다 위에서 낮은 비행을 즐기고 있다
　　　　　　　—「우주로 출항하는 누리호」 전문

고흥 나로도에서 우주로 출항한 '누리호'는 국내 기술로

자체 개발한 대한민국 최초의 저궤도 실용위성 발사용 로켓을 말한다. 누리호가 출항한 순간 나로도 봉래산이 환해진다. "물이랑 일으키며 지나는 뱃길처럼" 누리호는 우주바다를 항해해간다. 그동안 쌓였던 "무수한 꿈들"이 바다보다 더 푸르고 깊은 우주로 첫 출항을 떠나는 것이다. "간절함이 하늘에" 닿았는지 "오늘 여기, 나로도 상공"에 로켓이 범선처럼 길을 내고 있다. 오랜 간절함을 품고서 우주길에 오른 누리호와 "세월을 날개에 싣고/ 나로도 바다 위에서" 날고 있는 괭이갈매기들이 비대칭으로 부조(浮彫)되고 있다. 천상은 천상으로 지상은 지상으로 '고흥 나로도'는 "기울어진 체구의 균형을 꽉 잡아주는 바닥짐"(「바닥짐」)을 붙잡고 "지나온 뒤의 지점보다/ 다가올 지향점에 방점"(「아직은」)을 찍으면서 이렇게 도약하고 있다.

신진순 시인은 자신의 고향을 이런저런 면모로 풍부하게 호출하면서 그 내면적 그리움을 최대화하고 있다. 그리움이란 대상 부재에 따르는 결핍감을 말하지만, 시인은 고향에 대한 사랑을 들려주면서 흘러간 시공간에 대한 그리움을 드러냄으로써 그 안에 생동감과 현장감을 살려내고 있다. 그의 시는 세심한 기억으로 다양한 언어를 장착해가는 미학적 자의식을 보여준다. 생성적 사유와 감각을 회복하는 일로 무게중심을 할애하면서 지속적 자기 탐구를 수행해가는 것이다. 이때 신진순의 시는 그 특유의 엄정한 균형 감각으로 고향에 대한 회귀 의식을 심화해간다. 그렇게 고향은 "어둠을 더 어둡게 하여 내게 편안함을 주었던 솜이불"(「이불

홀청이 꽃무늬로 바뀌던 날」)처럼 그때 그곳을 향한 다양한 교응(交應)을 그에게 선사한다. 그러한 완미한 서정시의 미학을 이루어가는 시인의 양식적 의지와 역량이 그 안에서 농울치고 있다 할 것이다.

4. 역사적 순간에 대한 정결하고도 굳건한 육성

다음으로 이번 시집을 채우고 있는 흐름은 시인의 견결하고도 아름다운 역사의식이다. 그 사례는 저 임진왜란부터 근대사까지 걸쳐 있지만, 가장 커다란 무게중심을 두고 펼쳐진 것은 '이순신 장군'에 관한 서사적 삽화와 서정적 기록이다. 그분을 향한 자료 섭렵과 기억이 이번 시집을 단연 활력으로 채우고 있다. 물론 기억이란 과거를 향하는 것이지만 시인에게 그것은 삶의 현재형을 이끌어가는 심연이자 원형으로 각인되어간다. 그래서 지난날의 기억은 지나간 사건에 대한 회상이자 살아갈 날의 힘으로 동시에 거듭나고 있다. 그의 이번 시집을 이루는 확연한 구심은 이처럼 반듯한 역사의식에 있다 할 것이다. 그만큼 신진순의 시는 다양한 순간이나 현실의 장면을 정성스럽게 화폭에 담아내면서, 그와 동시에 가장 근원적인 인간다움의 소리, 생명 있는 것들이 어울리는 고요한 소리까지 전해주고 있다. 이러한 소리들은 살아 있는 것들의 기운을 여지없이 느끼게 해주면서, 시인으로 하여금 언어와 현실을 동시에 넘어서는 근원적 차원을 지향하게끔 해준다. 지나간 역사적 순간이 시인의 현재형에 새롭게 장착되면서 전혀 다른 발화(發話)를 시작하는 것이다.

> 면이 그렇게 가고
> 낮도 밤도 없이 남쪽 하늘 안부만 기다리는 버릇이 생겼습니다
> 까마귀 울음소리의 높낮이도 기러기 나는 길도 제겐
> 모두 남쪽 바다를 향해 있습니다
>
> 며칠 전 꿈에 해가 바다로 뚝 떨어지더니 붉은 너울 파도가 휘몰아쳐 남쪽 바다가 뒤집히고 그 속에 두정갑옷 하나 떴다 가라앉았다 자맥질하며 있었습니다 면아~ 면아~, 목이 쉬도록 부르다 놀라 눈을 떴습니다 창호지 사이로 창백한 달빛이 화살처럼 꽂혀 쪽잠을 앗아가니 불길함이 돌무더기처럼 쌓여만 갑니다
>
> 이생 길에서 백년가약으로 맺은 인연
> 아무리 발돋움하고 손짓해도 그 곁에 가닿을 수 없으니
> 번잡스런 마음에 온 삭신이 녹아듭니다
> ―「길은 남쪽 바다로」중에서
>
> 맷돌 같은 남녘 섬들의 물목마다 지켜내고
> 노량 바다 소용돌이 속에 혼은 두시고

동짓달 세찬 바람 대숲을 울리는 관음포에
묘당도 월송대 흙속에 얼은 묻고
붉은 명정에 덮어 몸 누우려 조상 품으로 오셨습니까

마량 지나 강진 석제원 영암 나주 남평 광주 장성 거쳐 태인 금구 삼례 여산 은진 노성 공주 천안 금곡 마을 마을 거치고 거쳐서 이곳 아산 금성산까지
　목관에 누인 젖은 몸, 소달구지에 실리어 천리 길 흔들리며
　고을 고을 달려 나와 조문하던 시린 눈물들 위로하느라 이리 늦으셨습니까

　(중략)

한평생 변방으로 떠돌던 가시밭길
죽음의 전장을 돌아돌아, 부서지고 동강난 난파선 되어
캄캄한 선산에 정박하려 오셨습니까
　　　　　　―「숙부님, 편히 잠드소서」중에서

　이순신 장군의 아내인 '방 씨 부인'이 쓴 일기 형식에서 시인은 그녀의 사랑의 마음을 전하고 있다. 일기가 쓰인 '무술년 동짓달'이면 임진왜란의 마지막 해요 장군의 아들 '면'이 죽은 그 다음해이다. 면은 1577년 이순신과 방 씨 부인 사이에서 3남으로 태어났는데 영리하고 활쏘기를 잘했다는 기

록이 남아 있다. 1597년 아산에 쳐들어온 일본군과 싸우다가 칼에 찔려 전사하였다. 부인은 면이 돌아가고 나서 "남쪽 하늘 안부만 기다리는 버릇"이 생겼다고 토로한다. 해가 바다로 떨어지고 남쪽 바다가 뒤집히고 그 속에 갑옷 하나 떴다 가라앉았다 하는 꿈을 꾼 부인은 "이생 길에서 백년가약으로 맺은 인연"을 생각하면서 삭신이 녹아드는 고통을 기록하고 있다. 그렇게 마음 길은 모두 "남쪽 바다로" 향하고 있음을 알리는 사부곡(思夫曲)이 그녀의 일기였던 것이다. 그런가 하면 장군의 조카 '완'이 쓴 추모사 형식을 빌린 시편에서 시인은 이순신의 장엄한 죽음을 기리고 있다. 남녘 섬들의 물목을 다 지켜내고 노량바다에 혼을 남겨둔 채 장군은 아산 금성산까지 천리 길 흔들리며 조상 품으로 돌아왔다. "고을고을 달려 나와 조문하던 시린 눈물들"을 위로하고 "한평생 변방으로 떠돌던 가시밭길/ 죽음의 전장"을 돌아 "부서지고 동강난 난파선"으로 이제야 선산에 정박하러 온 그분의 삶과 죽음이 응축적으로 담겨 있다. "행여 여해께서 안개나 바람으로 다녀가실까"(「발포리에 와서」)를 기다리는 마음이나 "마지막 남기신 말씀도 몸과 함께/ 내 안에 음각이 되어"(「분청사기덤벙문달항아리」) 남았다는 고백이나 "당신 가슴 속 최후의 방향/ 노량 앞바다"(「통곡」)에 대한 간절한 기억도 모두 그분을 향한 시인의 마음이 착색된 결실일 것이다.

한겨울 격랑 치는 노량 앞 관음포에서
당신이 마지막 숨으로 치셨던 북소리가

그동안 밀물져 이 땅 바다로 돌아오고 있었습니다
어느 시대엔 격하게 어느 시기엔 적요롭게

옥포 합포 사천 한산도 거쳐
물살 좁은 명량해협도 힘겹게 건너서 노량에 왔으니
한꺼번에 소탕할 투망인 관음포구 안으로
적들을 몰아넣고 속전속결로 이 밤을 걷어내고
안개 뚫고 오는 새벽을 맞이하자고

북을 쳐라! 계속 쳐! 어서! 둥! 둥! 둥! 둥!

목숨들 단단히 걸머져라 절대 놓치지 마라
이 나라를 짓밟은 놈들 단 한 놈도 살려 보내지 마라

희미해져 가는 당신의 절절한 외침
사백삼십 년 넘게 한양 중심지까지
글썽글썽 물결쳐 왔습니다

어금니를 깨문 시퍼런 다짐이 물길을 뒤집었던
남해 관음포에서 마지막 채를 잡았던 당신은
아직 못 전한 말 아직 끝내지 못한 일이 남았기에
이제 이 나라의 서울 한복판에 쇠북이 되어 서 있습니다

별빛 달빛 형광채 수없이 흔들고 함성 지르는

우리 후손과 함께 이 시대 큰북이 되어
또 한 번 둥 둥 둥 울리고 있습니다
—「북소리」전문

　이제 노량해전의 마지막 전장이자 장군이 전사한 관음포에서 북소리가 울려온다. 그렇게 그분은 영원한 현재형으로 남아 계시다. 한겨울 격랑 치는 그곳에서 "당신이 마지막 숨으로 치셨던 북소리"가 들려온다. "어느 시대엔 격하게 어느 시기엔 적요롭게" 울렸을 그 북소리, "속전속결로 이 밤을 걷어내고/ 안개 뚫고 오는 새벽을 맞이하자고" 친 그 북소리였다. "희미해져가는 당신의 절절한 외침"과 함께 지금까지 "한양 중심지까지/ 글썽글썽 물결쳐" 도착한 북소리야말로 "어금니를 깨문 시퍼런 다짐"은 은유하는 듯하다. "남해 관음포에서 마지막 채를 잡았던 당신"의 형형한 눈빛과 "아직 못 전한 말" 그리고 "아직 끝내지 못한 일"이 그 북소리에 담겨 있지 않을 것인가. 이제 이 나라 서울 한복판에 쇠북으로 서 계신 그분 모습이야말로 "별빛 달빛 형광채 수없이 흔들고 함성 지르는" 더욱 큰 북이 되어갈 것이다. 그 안에는 항구적으로 "긴 숨 끝에 뼛속에 응집된 나의 결의"(「열선루 장계」)가 담겨 있고, 끝끝내 "춥고 긴 어둠과 겨울을 열고,/ 한 척의 나그네가 되려고 황량한 이 땅에/ 외마디 울음처럼, 마른 듯 젖은 봄볕으로"(「봄볕」) 남은 그분의 후광(後光)과 잔상(殘像)이 한없이 출렁이고 있을 것이다.
　이러한 신진순의 기억들은 회귀적 항체의 역할을 하기도

하고 일종의 공공성을 띤 역사적 의미의 열망으로 나아가기도 한다. 하지만 온전한 의미에서 그의 시는 그러한 열망이 재현되기 어려운 우리 시대를 안타까워하는 것으로 번져가기도 하고, 미완에 그칠 수밖에 없는 자신의 시쓰기에 대한 역설적 다짐으로 나아가기도 한다. 이러한 역사적 순간에 대해 정결하고도 굳건한 육성을 들려주는 시인은 삶의 황홀에 전율하면서도 그 불가피한 비극성을 함께 노래해간다. 그리고 한없는 그리움의 역류를 통해 다시 신성한 세계를 탈환하려는 최량의 예술로서 시를 써간다.

5. 속 깊은 서정에 감싸인 따뜻하고도 심미적인 세계

신진순 시인은 유려한 언어와 속 깊은 서정에 감싸인 따뜻하고도 심미적인 세계를 남김없이 보여주었다. 그 세계를 통해 그는 뚜렷하고도 개성적인 자신만의 성취를 각인하였다. 시인은 서정시가 주체와 세계 간의 견고한 균형을 통해 근원적 가치를 탈환하고 회복할 수 있다는 믿음을 들려주었다. 그는 내면을 토로하거나, 뭇 사물의 외관을 관찰하고 묘사하거나, 시에 대한 섬세한 자의식을 보여주거나, 사물 속에서 삶의 이치를 발견하거나, 우리에게 가장 아름다운 서정적 기율을 선사한 것이다. 이 모든 것이 완상(玩賞) 취향이나 자기 고백에 기울어지지 않고 단정하고도 사려 깊은 서정적 내공으로 유감없이 이어져간 것이다. 그

것은 철저한 예술적 자의식에 바탕을 두면서 뭇 존재자들을 향한 따뜻한 시선으로 현상하는 그만의 독자적 세계이기도 할 터이다.

우리는 인간이 공들여 축적해온 사랑이나 평화 같은 커다란 가치들이 급속히 폐기되고 그 자리를 온통 자본의 효율성이 메워버린 시대를 힘겹게 살아가고 있다. 이러한 상황에서 우리 모두는 사물에 대한 한없는 친화를 통한 고전적 가치의 창출, 고향을 향한 사랑을 통해 존재론적 기원을 찾아가는 지향, 건강한 역사의식으로 지금 여기의 현실을 상상하는 결기 등, 시인이 노래한 영역들을 소중하게 받아들이게 된다. 이번 시집은 그러한 주제들을 택하여 그것을 투명하고 진솔한 경험적 언어로 담아낸 그만의 미학적 세계라고 평가할 수 있을 것이다. 과연 아름답고 웅융하지 않은가. 그 아름답고 견결한 시세계가 균질적이고 지속적으로 그의 고향 '고흥'에서 끊임없이 이어져가기를 소망해본다. 이처럼 단단한 성취를 이루어낸, 남쪽 끝 섬 한 모퉁이에서 부르는 사랑과 역사의 노래를 더없이 축하드리면서, 앞으로도 그러한 세계가 더욱 깊어져가기를, 마음 깊이, 희원해마지 않는다.